潼　關

潼關

潼關界河南陝西兩省形勢雄偉自古多題詠有馬後桃花馬前雪教人那得不回頭句然稍陷柔弱嗣同仁者詩云終古高雲簇此城秋風吹散馬啼聲河流大野猶嫌束山入潼關不解平余常誦之今奉慈母迻居村舍幾冬短晷朔風號林泚筆作潼關圖不值方家一粲耳

田光自刎堅太子丹信
大誼皎然
志行卓越
觥々田君
神州之桀
百哀

美國獨立戰爭之圖

論著

豫備立憲者之矛盾

明民

比者以還國人鑒于內訌外患之殷民氣摧夷國權淪喪皇皇焉大索其故乃痛心疾首于政治之弗良遂群起大呼相率而譚改革然與民更始其業維艱況以數千年之故國擁數萬里之方輿改革之功誠匪可呈于旰夕且篤舊之夫惡聞新政或掩耳而疾走或抵死以力爭是以改革數年漫無耑緒愛國深思之士始豁然于國民之利害與政府不可相容激烈者流遂爾大倡革命以爲惡劣之政府一日弗除則強固之國家終難實現顧此非常之閎業非所以語于媮生萎葸之民于是嚮者救國之徒乃攘臂而趨于立憲內外騷然嚮風而靡蓋由此方面以爲進行之儀的既無喪元溝壑之慮復獲致身廊廟之機語其平和誠哉其爲平和也惟是下民程

度隳爾難躋預備之階不可陵躐天王聖明遂有預備立憲之諭凡食毛踐土之倫應如何激發天良以答聖意乃不意自事實觀之薄海臣民于大哉王言乃聽之藐藐而天子乃有戲言綸綍亦如反汗竊觀于此未嘗不太息于二百餘年之厚澤深仁之將斬也吾爲此語非敢誹謗宮廷乃觀于預備立憲時代歷史之所陳誠紛謬不知紀極識者嚮以希望政府立憲等諸與虎謀皮人咸以爲過當蓋社會心理之趨勢雖有大力者莫可挽回惟臚陳實蹟以爲證明則迷罔者當自廢然而返噫嘻九法既斁四維不張舉世滔滔竺守功利下者趨于富勢上者樂道調和不知愈調和而愈失其眞究厥指歸遂爲矛盾蓋薰蕕不能同器墨素不可兼施今欲返之何其偵耶故殿試學生則與停止科舉矛盾矣封禁報館則與廣採輿論矛盾矣賣礦借債則與保護商民矛盾矣任人緝捕則與收復主權矛盾矣繆錯紛紜不可究詰他若用人行政益復離奇其章章在人耳目者如張之洞也、袁世凱也、岑春煊也、鐵良也、丁振鐸也、張曾敭也、以及鳳山、梁鼎芬、段芝貴、樊增祥之徒授選補調褒貶無常同一人也不宜于南方者乃置于北省不宜于地方者乃致之中央乃至前則倚爲腹心後則斥其驕蹇昨方褫職今旋開復其有殃民誤國之流海內共憤彼乃出其敷衍之手段以杜天下之口或僅予薄懲以觀後效或暫置閒散以待方來時雨時暘自埋自搰鑑于季世云胡不哀此胥前此之所無而預備立憲時代之特色也綜而言之可名曰**矛盾時代**惟其矛盾故植黨援私黨互鬩故不統一惟其矛盾故生正負正負相消故無進步以不統一無進步之國時値閉關猶虞崩析矧當四國交陵之世哉嗚呼甲午以來日蹙百里痛深創鉅地削兵燹雖在三尺之童猶思振厲自存以求一當彼政府苟稍有人心者亦何至泄泄猶昨耶誠以彼與吾民利害相反故布新除舊匪出初衷今預備立憲亦不過怵于手鎗炸彈之威稜聊藉其美名以爲收拾民心消弭黨人之具乃卞躁者昧厥由來欲以苟且之心率天下而爲要求國會之舉實貿亂之尤耳不知皮之不存毛將安傅上以預備爲求下以要求爲應試問預備不足當以何國爲無上之先型要求不成當取何物爲最終之利器苟一反詰立見詞窮披葉尋支良可哀也夫吾國民如不欲立最良之憲法開完全之國會則亦已耳苟欲立之開之也則當徑行直往以速解決根本上之問題

不然徒作此伈俔乞憐之態倡支吾無俚之詞徵特無榮適滋點耳夫各國憲法國會之產出無不經浴血數次而來今乃欲以語言文字之功而坐擁立憲國民之號此在上下和同種人無間猶爲不可必得之數況吾國之今茲哉今請述國會之變遷與各國獲得者艱辛之歷史以證今茲立憲者于理論及事實上之矛盾焉

夫立憲者革命之產物也在歐洲封建時代君主專權奴視民衆至十九世紀人文漸有進步民權于以大張削奪君權公諸衆庶而國會實其機關夷攷國會之由來不得不遠溯於日耳曼古代由是上征則爲希臘羅馬蓋希臘羅馬爲歐洲文化之淵泉自十五世紀其制度文物已漸被于西歐其遺範于今者殆非鮮淺中如雅典民主政治及羅馬市民之組織殆開國會制度之先聲然二國式微此制亦同歸灰燼今日歐洲諸國則日耳曼人之子孫自羅馬解紐以還分疆立國遂成今日之國家而國會規模遂亦與彼建立之國家同時進化攷其沿革遷變凡三即上古日耳曼人之國會制度與中世封建時代之階級代表制度及近世國民代表制度是也蓋日耳曼之先人由亞細亞之西迤東侵進漂泊于歐羅巴大陸因而立國斯時希

臘羅馬之制度既已湮滅無遺日耳曼文明乃代之而發達故其古代制度遂爲歐洲政治史之起源蓋日耳曼古代之民分有種種部落各部團結獨立建設共和干戈相尋莫能統一乃各以全體人民組織國會雖間奉戴一主然亦不過國會選舉之一員而于政治上之實權甚形微弱國家重權總于國會與羅馬太古之時殆無異也日耳曼之初本無君主繼因戰事繁多臨時不得不置一人以爲之渠率迨干戈底定各部平和而此渠率者仍得官以終身不會解職積之又久位擬君王由玆推溯可知歐人建國原祖共和一國主權在于團體此歷史上無可致疑之事實也然歷時既永因戰爭頻數王權漸亦增加其國會之制凡男子已及丁年具有武力者胥能與議蓋斯時舉國皆兵獨立男兒在能執干戈以衛社稷出則從事疆埸入則圖議政事故國會即軍隊政權即兵權也召集會員若臨大敵每屆春秋兵士戎馬大會于邱陵或森林之內至若臨時召集則以烽火信矢爲徵議事之方決于衆論至王及將率所提出之議案贊同者則足蹈手舞反對者則擲劍鳴鐃無所庸其辯論要之議員即從戎之戰士國會即權力之中心有捨身之勇然後有參政之榮勇

猛莊嚴敢死而無所於悔此其武力所以可嘉而不至被侵于羅馬也然自第三世紀以後夫蘭克乃崛起于其間蠶食四方威振遠邇其權乃歸于君主而不在人民蓋當時社會進步生齒日繁欲集合人民全體于勢有所不能故國會制度漸衰無復振興之象至九世紀色列斯大帝時一般人民已不與議員之列其得與議者不過僧侶及有力之民然亦祇餘形式而已此古代日耳曼國會之概畧也

自夫蘭克分裂以來撒遜侯一世亨雷君臨全德然斯時中央主權寖以不振列國諸侯互爭雄長是爲中世封建時代此時代之國會制度其內容與古代不同不過豪右諸侯之集合而已蓋是時中央主權威離逮下君主乃晝土分疆封其近信一有徵發則各應其領土之大小以給軍資此與吾國封建之制微有同符者也然以經濟發達人口益蕃土地遂爲貲財之母故於社會上經濟最優則于政治上之權力亦重于是封建之制漸分諸侯得貸土于臣下地主亦得貸與于農民而權力服從之關係乃因之而起社會階級滋益多矣社會組織如此則國會制度亦不能不隨以變遷於是政治參與權與土地所有權膠爲一物諸侯豪右各君其土各私其

權下至齊民其權蔑矣中世情形殆具于此法自與德分離以還國會制度久就湮滅至斐立維時代爲欲抗衡羅馬法王知結託人民之不可以已乃由大學及都府選舉委員以組織國會維持之久垂三百年至路易十四時君權隆重國會之制又復煙消人民自由大爲朘削國政腐敗達于極端遂釀成革命之機專制之君卒就駢戮歐洲諸邦之政治組織乃爲之一變此近世國會制度所由來也夫近世國會乃所以代表國民既不同夫古代日耳曼有人民全體參政之權亦大異乎中世社會階級之貴族集合不過選舉少數人民使之代表意見亦國家組織發達使之不得不然也當此變遷最劇之時而孟德斯鳩三權鼎立之論亦出故國會遂爲國家立法之機關焉要之各國之能開國會罔不自鐵血中來而法蘭西爲尤甚自路易十四倡朕即國家之語君權之盛殆無比倫而廬梭孟德斯鳩之徒鑒于法民之憔悴乃起而倡民約自由之說積苦之民于是譁然而作聯合大羣剗除民賊而導線一燃全歐震動自一千七百九十一年以來憲法改革凡十二次廢王殺君者數革命流血凡三而後始購得數十條寥寥之憲法今吾國人乃欲向此　專制之獨夫

要求立憲此與歷史上事實之**矛盾**一也雖然法蘭西革命之歷史爲吾國平和之人之所駴也其所夢寐以求之者殆莫如英吉利矣然論英國國會之由來當亦憶及千六百四十九年查爾斯就戮刑臺之歷史且當聯想及克林威爾其人也不特此也彼約翰王之見逼顯理第三之敗績與夫賊母士之被逐也其果以何種原因也不特此也巴格思博士曰或以英之憲法非自革命而發生以余觀之則大不然蓋自諾爾曼系諸王統一以來英國組織上實起有三大革命第一革命起于一千二百十五年是爲由君主組織降爲貴族組織之時期蓋王之署名于大憲章也係受強迫而然也第二革命起于一千四百八十五年是爲英國主權自貴族移于人民之時期第三革命起于一千八百三十二年蓋王之解散議會也亦被脅迫而然也英之國會其經過之歷史如此今之希望立憲者乃欲以口舌文詞之力坐待欽定憲法之恩頒其與歷史上事實之**矛盾**二也

且憲法之爲物不過爲限制獨裁政府之強權增進多數人民之自由而已非別有甚深微妙之義蘊也政府而果欲立憲也則請稍戢其蹂躪國民權利之手腕稍歛

其掠奪國民財產之行爲斯亦已耳弛張之紐存乎自身非由外鑠何事乎兢兢以以預備爲此其與理論上之**矛盾**一也且所謂預備者爲政府預備之歟抑國民預備之歟抑政府與國民交相預備之歟如謂政府預備則所辯已如上陳如謂預備在乎國民則天生蒸民即畀以自由之權利此爲有生所同具非有輕重差別于其間得之則生不得則死亦非如什物之可以授受餽贈于人人也無如數千年來寖被朘削于獨夫民賊沿成積習視爲當然而復恐天誘其衷羣起而謀反抗則著之法令範以典章斥爲大逆不道耳目心思束縛之既久則亦率忘其本來今以吾人固有之德返諸吾人應有之躬則亦何所容其預備耶此其于理論上之**矛盾**二也如謂政府與國民交相預備乎則其言尤爲悖戾何者有盜於此强攫室主之貲財繼悔而返之乃復艷夫貲財之美也又吝而弗返乃告主人曰若其亟預備受納之吾亦亟預備返若也聞此言者罔不騰笑今之預備立憲何以異此然而舉國上下今固皇皇焉預備之矣此其與理論上之**矛盾**三也今姑容其預備夫以預備時代較諸預備時代以前國民之自由權利當有加矣乃按其事實則大不然蓋

自由權之最不可侵犯者莫如身體蓋身體者生命所附麗無身體即無生命此至淺之義雖孺婦無難立喩者故各國憲法無不兢兢于此乃自預備立憲時代觀之告密之風徧于海內今日捕甲明日逮乙關河險阻道路驚心匪曰面目可疑即曰行踪詭異以致宵小無賴之徒得厠等偵探混淆黑白或索詐財賂或傾陷私讎致善良之民械繫于囚獄周內于嚴刑相駢率而慘死者不可勝數噫嘻人類顚連至于此極乃復渙汗大號竊憲政之名以欺天下此凡稍有心肝者未嘗不痛恨噓唏拔劍而思起者也他若封閉京報館則侵犯出版自由矣嚴訂報律則侵犯言論自由矣限制非部定會字不能用則侵犯集會自由矣韓半池之案則侵犯家宅自由矣封禁徐錫麟之父之商店則侵犯產業自由矣大通學堂之役則侵犯一切之自由矣謬出紛歧不遑毛擧此其**矛盾**之尤者也且立憲者政治上之問題亦即今日存亡之問題也旣名之曰預備則于國民政治上之思想宜急力啓瀹之即于關乎存亡之問題宜力使研究之此自然之勢也各國國會之起原實依于日耳曼古代法之二大原則而起而其所包含之權限可約爲三即法律協贊權財政監督權

與行政監督權是也質而言之即立法行法諸端國民胥宜參與而關于舉措大經尤必俟人民之承諾近如蘇杭甬問題西江問題等皆政治上之大綱存亡之大計雖處若何專制政體之下吾民亦有研究處置之權況當預備立憲之時期建議質問之權寧能放棄不意全國輿論政府視若仇讎電致督臣冀欲解散集會逮捕人民函電禁止之無効乃欲以上諭迫脅之上諭迫脅之無効乃欲用兵力强制之愈出愈奇雲翻雨覆此其**矛盾**匪夷所思吾且憚于枚數矣總而論之 **國民普通之自由彼不能于豫備立憲時代保護之乃反于豫備立憲時代剝奪之國民政治上之權利彼不能于豫備立憲時代促進之反于豫備立憲時代限制之**非喪心病狂奚爲行動不倫一至此極國民深思其故當瑩然于 **彼此利害積不相容**嗚呼人每狃于目前之近功而忘將來之實禍今惟列其矛盾之實蹟以告國民冀共斬去希望政府之性根而從事于獨立非常之偉業則祖國前途或有幾希之望也如其迷罔弗顧誤執方針則吾尚何言哉

論二程學派與豫省學風之關係

中國自六朝以降學士大夫或習儒書或治釋老之說由是南北學派彰然不同北人學貴質實尤尚躬行南人學貴玄虛善析名理至于有唐之世猶二派迥殊如李師政梁敬止李通元宅心禪學析理精微由是闡名理者有王維辨天道者有劉柳咸宅心高遠以宇宙爲主觀此六代玄學之緒餘也時昌黎韓愈崛起北土作原道原性諸篇以儒家之眞實闢老釋之虛無以禮樂刑政爲治具立君臣上下之等威以修齊治平標其說于舜禹周孔溯其傳是猶晋代學術貴虛而裴氏則言崇有此蓋拾荀卿揚雄王通之緒餘而以儒學自揭者也自韓愈弟子李翺著復性書綠飾中庸畧符韓說而復性滅初之旨則又出入玄學此儒玄合一之始至于北宋達官喜言性理（青箱雜記云楊文公深達性理精悟禪觀丞相王公隨亦悟性理書司封修睦深達性理張尚書方平尤達性理陳文惠公亦悟性理富文忠公尤達性理其所謂性理者即玄學明心踐性之說）以覺悟爲舊別有陳摶种放爲道家別派作道學綱宗復僞作易圖以自飾濂溪周敦頤受學陳摶著太極圖說並通書雖間引儒家之書然仍以宇宙爲主觀其所

依舊實爲玄學觀其宗易簡而貴自然尙存誠而言王靜以知幾爲說以窒欲爲歸則其說與儒迥異明矣此一派也又眞仁之際有泰山孫復作春秋尊王發微立論刻深辨等儀以定民志舍是非而論名分是爲以空理禍民之始石介孫覺歐陽修繼之設益昌熾其立說蓋推本韓愈而膠于空理較愈尤偏時司馬光執政又引據治國齊家之說制定家儀以禮爲範以躬行率教自標其說均出於儒家此又一派也此兩派者一爲觀空一爲實踐觀空之弊雖流爲幽渺然宅心高尙者往往間出于其中實踐之弊雖流爲迂執然揭人事以爲的亦足爲束身寡過之助固未必貽禍民生也至於合兩派而爲一則其弊不可勝言然兩派由分而合實自河南二程始然二程之學亦復稍殊明道之學純近濂溪雖以儒書自飾尙未自失其本眞故朱子之論明道也以爲規模廣濶善學之則日近高明不善學則流于空蕩又謂明道出言超邁不如伊川之確切明儒呂坤亦曰明道在朱陸之間夫所謂廣濶高明超邁者指其貴自然而不事拘執言也故以玄以本以儒爲表伊川之學雖亦雜釋老之言然以儒書自飾又甚于明道故學風所被民弊日滋則何旣貴道家自然之

說視人事爲輕又執儒家禍民之詞以空理爲重既秉儒書之言持躬嚴謹復采釋氏之說靜坐觀心乃古人所謂合則兩傷者也彼既自歧其說使學者靡所適从復以舉世奉彼爲聖賢學士大夫競從其說由是天下後世咸被洛學之毒而以預省爲尤甚試舉其最著言之一曰主敬之說如濂溪通書言靜不言敬蓋禁拒事物之紛歸于純一指養心言非指束身言也故拘墟之弊未生二程則不盟一則曰入道莫如敬再則曰涵養必先主敬三則曰修德以敬爲基此皆立說偏于主敬者不知古人言敬與宋人不同乃人心恆自警肅之謂也故說文訓敬爲肅而釋名亦訓敬爲警其所由以敬訓民者蓋以自肆之人恆任身體之放縱致不復有所拘而自廢之人又溺于懈惰不知振發其精神故以主敬之詞矯二者之失是意也二程亦非不知之觀語錄所記載一則曰放心最爲害此即指自肆言也再則曰懈意一生便是暴棄此即指自廢言也使二程言敬僅據斯旨以立言亦足導人民于警肅乃其標敬字界說也則曰主一無適是爲敬夫主一無適之語出于文子近儒錢氏阮氏辨之甚詳此無論其不足該敬字之義也即使此意足以解敬字然秉執先入之言

奉爲圭臬安習不遷不復稍事擴充甘蹈執德不弘之失是專以心不外馳爲敬耳心不外馳則强制思慮非以敬爲寂滅乎既以敬爲寂滅故澄觀默坐之弊生然此亦不過自梏其心耳仍未嘗自梏其身也至伊川言敬謂人身不可須臾離又謂敬以律身是爲以敬梏身之嚆矢夫主敬之說雖足收歛身心使之不能自肆然活潑之精神進取有爲之志咸爲恭敬二字所拘則是趨天下之人于自廢也且以主敬之說繩人作無形之法以縛其身使防維稍弛人不能堪必致蕩檢踰閑以遂其所欲是犹以土障川防隳則川流橫決非反激天下之人而使之自肆乎即使不流于自肆然內省而拘外愼而泥尺步繩趨偏執固滯以迂謹守其身無復生人之樂復存心虛漠以與事物相忘明儒鄒南皐有言復行以已身爲桎梏其此之謂乎然此犹就自好之士言之耳若使小人假其術外託朴陋之名以自矜誠篤中含合汚之行以取媚庸流勢必趨天下之人而盡出于鄉愿之一途故知宋代以降凡民之合乎汚時同乎流俗以庸謹自托者均以程氏主敬說爲藏身之固者也夫陳周之說雖非中行然不失爲狂狷至程氏飾以儒書然後鄉愿之士均得自託于中行故

其說不獨與濂溪不同。抑且爲張朱二子所不滿。張南軒之言曰今但言存心爲敬不過强制其思慮耳朱子亦曰敬非萬慮休置之謂特要隨時專一不放佚耳非專是閉目靜坐耳無聞目無見不接事物然後爲敬也又言主一爲適不足爲敬此均朱子立說之優于程者 乃後儒則奉爲粹言此其所以貽毒于民也一爲克己斷私之說克己斷私之說亦似由濂溪主靜說而生其與主敬不同者則敬兼身心而言斷私則僅指治心言也夫情性秉于生初有感物而動之能感物既多心念以起則心有所注心有所注則意有所求意有所求不得思遂其志而欲念以生凡在人類罔不因然天下有寡欲之人未聞有無欲之人也古人僅言欲不過情 乃伊川之言曰。大抵以自有身便有自私之念。其擇說非不高。然盡去其私則己身亦不存彼固未之深計也既以自私爲惡故其解論語克己復禮也改劉炫之說。以己爲私遂以克私爲克己。又慮其說之不能成立也。由是以天裡爲公以人欲爲私。以爲心有所向。即謂之欲。于人欲之外。別立天理之名。以爲天理與人欲不兩立是直以斷欲爲理矣夫欲念之生由于情有好惡好惡之情人所同具不得以情爲惡欲生于情亦不必盡爲邪慝古人言欲不可縱。所以戒民之偏于好惡以致恣情縱欲耳曷嘗言盡去其欲哉若程氏之說。蓋拾釋氏滅情之說。以滅情爲復其本初夫情具于心。應物而動。滅之固屬矯糅。即使盡滅其情。亦不過使人心無一繫情之事耳。焉能有所作爲哉。至謂天理與人欲不兩立。亦屬無稽。近人東原戴氏。以天理即具人欲之中。說頗近實。若舍人欲而求天理。則所謂天理者。亦不過靜觀道體而求之空虛之境而已。探之茫茫。索之冥冥。豈非重內輕外之弊哉。蓋二程之義。鑒于他念之易紛。已意以爲事物紛擾。由于心念之馳逐外物。遂以屏絕思慮爲主。而主靜之說昌。夫人當思想未起之前。其心固爲靜體。然未聞一終于靜體者也。今也欲全人性之本體。遂禁絕人性之作用。非惟絕人性之作用已也。且並心念之發動而亦禁之。殆所謂矯枉過正者歟。且濂溪雖言窒欲。然太極圖說。亦言一動一靜互爲其根。靜極則動。動極則靜。是主靜乃心不妄動之謂。非謂一靜而不復動也。（孟子言不動心未嘗言心不動）亦非謂屏絕一切思慮也。二程承之。言用心於密。又言人心自由。便放去。其說亦匪不良。至其所著四箴。則謂心體本虛。印物無迹。蔽交于前。其中則遷。（又言操之有要又言克己其心乃存）又謂治外斯所以安內。閒邪斯所以存誠。則是以事物爲蔽。既矣以事物爲蔽。故以絕物爲去欲之根。反觀內省。自詡貫通。或靜坐澄思。以爲實行涵養。至于末流遂有以不接事物爲靜者此陽明捍格外物說所由生歟又其作易注也。飾易傳何思何慮之說以不假思索爲自然則所謂不假思索者即禁錮其思之謂耳有心而不思非古人所謂無所用心哉即曰德存中心無俟外求言德非思則不發雖有虛靈不昧之明德亦何由而表著于外哉（大學言在明明德古注云謂顯明其至德也又易經自昭明德古注云以明自昭其德是古人之言德指實現于外者言非僅捐蓄于內者言也）蓋二程立說誤於以欲爲蔽既以蔽爲障心之具不得不視欲爲邪因視欲爲邪不得不言去欲並不得不言斷私而其要歸則不得不崇主靜與濂溪之尊尚自然者遂迥然异矣其自病其心爲何如乎此又程學之貽誤人民者也且因主敬之說而推之不得不歸重于躬行夫古人躬行。固不嘗不貴實踐。即二程審身謹密亦足爲百世之師蓋被固以身作則者也然明道于謹密之中仍寓安命樂天之意至于伊川則舍提撕收斂外不復有審身之法其著之于外者則微末之禮儀是也蓋既崇主敬不得不持躬整肅因持躬整肅不得不崇尚禮儀特彼之所謂禮儀又與漢儒典章學不同故其論禮之言曰禮祇是序。又曰禮樂只在進反之間。便得性情之正。蓋彼不以禮儀施于人僅以禮儀束其躬而倫常之間則又以縟禮繁文互相箝束蓋以温公之說爲範者也既以縟禮繁文相束不得不導之以服从其所謂服從者大抵先說空理以爲標被以中正之使之欲永爲民鵠故伊川之論行事也一則曰天有斯理聖人循之而行再則曰道若路然行之必以中正夫所謂中正者固無實名之可指不過泛指空理言耳彼以服从之道認爲天理之當然由是於工於服从之人尊爲合于中正而躬之所行又罔非服從之道使舉國之人咸爲綱維所縛無復絲毫自遂之思此雖非二程作之俑然揚波汨波則固二程之咎試即其遺書觀之其論君臣一倫也以爲君臣之義無所逃于天地之間夫此說之昌係承孫復石介之說蓋鑒于唐代藩鎮自專之禍欲假君臣之分潛抑其權以符宋代箝制將臣之制所謂立言不貳後王者也其論父子一倫也首崇孝道謂天下無不是之父母此說起原蓋以朝臣持繼述之義者與黨人所持濮議說各不相同而章蔡集矢淸流輙曰導君于不孝欲辨其誣不得不首尊孝德所謂因時立言以釋羣疑也其論夫婦一倫也以爲餓死事小失節事大蓋由明道子婦以再嫁蒙羞（二程外書曰章氏之子與明道之子王氏壻也明道子死章納其婦伊川先生曰豈有生爲親友死娶其婦者他日王氏來餽送一皆謝遣不納）故爲此憤激之言以

失節爲女子之罪所謂意有所託不得不然也是二程崇尚三綱所立之詞均援不得已而後發後儒不察其立言之旨據彼片言執爲金科玉律以爲天經地義所當然由是舍理論勢以勢爲理尊者以理責卑。長者以理責幼貴者以理責賤雖失謂之順卑者幼者賤者以理爭之雖得謂之逆合理與分爲一談以爲犯分即爲犯理服从之制束縛之嚴歷數百年如一日則程氏以空理縛民之咎也故後世所謂德行均指遵守空理言舍遵守空理而外別無所謂躬行則亦由主敬所生之弊也又由斷私之說而推之因自狹其心之故于學業一端亦復由博反約蓋彼既以外物爲弊故亦以學業爲外物之一也其所持之旨以爲理具吾心。不必驗之于事物。惟求之身心性命之間。即可反躬自得。其所以操持此說者。欲既爲邪惡實由知慮而生欲彼以情屏絕一切之欲必先屏絕一切之知又慮屏絕知慮背于窮理之旨也故又假至理不假外求之說以相飾掩復誤解孟子物備于我之詞旁沿老莊眞空之旨以自標其宗然道家偏于惟心未嘗指心爲理至于二程。遂謂一切之自然之理。得于天而具于心。故其言曰。天理二字。由己體貼出來。又謂人性即理。一若天理爲渾全之物故即以天理爲絕對之名不知物之可區別者謂之理以心辨理必待比較分析之能使非以心近物則事物之分不著而吾心辨別外物之能亦不呈若謂天理僅具于心爲渾然之物則是區別分析之能無所用也此其所申以意見爲理歟彼既合理性爲一途故又推斯旨以論仁雖萬物一體之喻與橫渠民胞物與之旨大抵相符不背人耦爲仁之古訓然遺書之中復有指仁爲心德者由是仁蓄于心不復推之于應事後儒本之舍仁德之用以全仁道之本至眞謂心無所著亦可爲仁雖有爲仁之心卒與人民無裨非古人所謂鎌仁爲下乎見韓詩外傳鎌即古廉字不惟此也于理具于心而外兼立道具于心之說遂于人心之外別有道心又以道爲人心所固有謂當然之道隨良心而呈復于空虛恍惚之中堅求道體一若道體秉于生初是由天授蓋亦沿道家眞宰之論而參以董子道出于天之迂說者也不知道體非可行之物道必寓之于人事然後可行可由未有舍日用事物當然之則而謂道體可求者也蓋二程之意以爲心與事物相接即爲自放其心故其末流亦漸流而爲廢學或謂二程設教以格物爲基如明德言論學必要明理伊川言今人雖信鬼怪只是不燭理又言凡一物須先窮致其理一艸一木皆有理可格其解格物雖訛然固

未嘗不稍崇實驗也以致知爲學。如明道言學以知爲本伊川言學莫先于致知既崇徵實。奚至蹈虛。不知就教法而言。雖鮮空虛之弊。然所立之說。則與相歧。如明道以洗心藏密爲善學。又以灑掃應對便是形上。復謂善悟則隨在皆理。此即所謂以自得爲學也。故又謂恍然神悟不是智力。至於伊川。其說益昌。以作文爲害道。以理會文義爲滯。以讀書爲玩物喪志。推其遺說。咸視問學爲至輕。蓋既以窒欲標其說。不得不並杜其知。以爲塞源之計。其與前說。互歧與否。非所計也。故二程弟子立說。已近于禪宗如游酢楊時呂微仲邢和叔皆入于禪見二程語錄故伊川至涪州歸嘆曰學者皆流入異端矣顏習齋以爲本二程之咎蓋其學便于空虛其與禪學相融固不足異也至于後儒。遂欲舍下學而言上達。飾定本明要之詞。蹈思而不學之蔽。兼爲空疏藏拙之地。名爲養心。實則自懈其心而已。若謂以覺悟爲學。可以力求自得。然二程復有言。以爲今之異端。由于高明。則彼又以自得者爲異學矣。豈非以空疏導民哉。雖曰空疏不學。乃末俗承流之弊。然程氏所立之說。實便于束書不觀。近世豫省學士。鮮崇博學。則固受程學之影響者也。數端而外。詭說尤多。然均爲復儒所祖述。如古代人士。其著一書。立一說。必陳言務去。修詞立誠。即通書正蒙。亦復不流于率易。而程子則曰。無功德及民。虛度歲月。晏然爲天地間一度。惟綴緝聖人遺言。庶幾有補。此即以語錄著書之始。亦即輯古人粹言爲一書之始也。淺學之士便其所爲言心言性勦襲雷同隅逢紙筆即可成編讀錄之書日增月益語鮮心得復擇言簡促扑直無文而北方文學因是以衰其弊一也古人立說必意有所歸鮮游談無根之說。而二程之說有所謂知化窮神者又所謂知性知天者咸窮高極遠莫測其由空談之士咸便之自謂不傳之秘得之遺經欲掃除章句而一歸之于身心由是講學愈精立說愈渺無復指歸之可尋賢者高以自標不肖者汪洋自恣目記誦爲俗生詞多聞爲破碎此又非二程之所及料者也故北方之士解經稽古之學遠遜于南其弊二也古代之學首崇實用故用即所至于漢儒。仍多通經致用。未有以無用爲學者也。自學程子於靜坐之人嘆爲善學。其弟子謝上蔡本之。于橫渠教法斥爲溺于度數刑名由是學者以致用爲戒舍用言體趨天下之人于自廢以致實用之之學不昌。臨事之才罕著。此習齋顏氏所由歸咎于程門教法之弊也。其弊三也。古人之學皆求日新。未有執一端以爲學者也。秦漢以降。學術雖定于一尊。然取舍之途尙廣。自伊川爲明道誌墓。尊崇明道以爲直接孔孟之傳。蓋襲韓愈原道篇之說。以傳道自崇後世以降而道統之說興治宋學者自據其學不復知人之長是已而非人執一而廢百而學術之途因是日狹名曰守道實則自小其道耳此西河毛氏所由集矢于程門心傳之說也其弊四也以上四端均程學之大失也。若夫解經之誤。析義之訛。遺書之中殆難縷述。如才爲人性之作用才之不善由于情意之不善非才之本體有不善也而二程之論才。則曰才本于情才亦有不善明與孟子之說不合。（程門弟子楊遵道已辨之）此言才之失也漢儒言性。非無性寓于氣之說。而二程之論性也。以爲本原之性與氣質之性爲二。矜言本原之性。遂別道心于人心之外以附會僞書之說此言性之失也又漢儒鄭玄註禮記也。有理猶性（樂記注）命猶性（檀弓注）之說。其箋毛詩。亦有命猶道之說。然猶字特比擬之詞耳非謂理性命道爲一物也自程子姑言性即理天即理朱子本之。一若天命性理均爲同實而異名此又言性言命言理之失也（程門弟子訛說尤多不具舉）要而論之二程著書雖多臆說然恆體驗于身心其心得之說亦間高出于前儒不得謂其悉無可采惟不知先立條科昧于參互考驗之法復張皇幽渺求之高遠精微之地故創一說或前後互歧立一言或游移無主不獨便于蹈虛也且便于舍此遁彼者之緣飾而北方人民遂深蹈其弊豫省之地爲二程桑梓之鄉故人民承其說者較他境爲尤甚所蹈之弊亦較他省爲尤深自尹游二子承其師說飾用心于內之說以察識涵養爲先是爲豫民廢學之始及姚樞許衡得考亭遺書于考亭問學之傳棄若苴土惟取其主敬知性之說以自矜踐履名曰朱學實則程學而已是爲豫民迂拘之始至于明代月川興于澠池首貴躬行禮敎河南呂氏繼之所作呻吟語雖詞多直實然以空理繩民尤甚于二程（如謂君雖不仁臣不可以不忠父雖不慈子不可以不孝是也而今人均奉之爲名言）由是豫民以服从爲美德而卑劣之性益成至于近世湯斌承夏峯之學本宗陸王繼囿于習俗改宗程朱然身事二姓曾不少羞張伯行繼之外飾清名中懷鄙行託理學之名而避講學之實由是豫民以鶩道爲慣伎而戈榮之說日工蓋廢學之弊必流爲迂拘迂拘之弊必流于卑劣而卑劣性成必致流于鶩道此固自然之趨勢然皆篤信程學之流弊也夫豫省之士非無奉關閩之學爲主者然耳濡目染皆洛學之緒餘故關閩之學一入豫境鮮有不與洛學相融者是則由宋以降豫民所遵咸爲洛學于洛學之中又僅伊川一

人之言于伊川之言則又舍其長而用其短此豫省之學風所由陷于迂拘卑劣也今欲革豫省學風之弊莫若以明道夷曠之風矯伊川拘墟之失使豫省人民養成活潑進取之思復酌采顏李之說而導以有爲庶幾可以正洛學末流之弊乎

又案近人論學恆二程并言此大謬不然之說也明道之學偏于極高明乃承濂溪周子之適傳者也觀明道言濂溪使之尋孔顏樂處又言處大其心使開闊又言所見所期不可不期遠大則立志高超不囿于卑陋凡下固所謂不梏其心者也不背濂溪者此其一（濂溪言天地豈不易簡又程子稱其有弄月吟風之樂）明道又有言能悟則句句皆通又曰思慮有得不假安排由此言觀之則明道論學以自得爲主未嘗禁思想之自由也不背濂溪者此其二蓋明道學術之本體以自然爲主以樂天爲宗欲使世人不梏于見聞循此而行固不失爲狂狷也惟以儒書之言自飾是其所短耳伊川則不然用明道之言失明道之旨于明道不梏見聞之說易爲靜坐觀心而拘墟固執悉與明道崇尚自然者相反由是爲鄉愿所深便不得謂伊川之學即明道之學也後世惟陳白沙諸人學術近于明道若豫省

所宗之程學。則皆溯源于伊川其本于明道者十不得一故明道貽誤學者之失。亦不若伊川之甚。近人多並舉齊觀。其誣明道也甚矣。故具辨之。

春秋列國國際法與近世國際法異同論

（續第二期）　起東

（乙）外交的會合　春秋列國除和平會合之外常有因國際交涉之問題而起會合者無以名之姑名之曰外交的會合外交的會合約有左之各則

（一）干涉外國內治會議出兵事　例如春秋左氏傳桓二年『公會齊侯鄭伯于稷以成宋亂』又如同傳莊十三年『會於北杏以平宋亂』又如同傳昭二十七年『秋會諸侯於扈令城周且謀納公也』等是也

（二）抵禦外寇會議攻守同盟事　例如春秋左氏傳桓二年『蔡侯鄭伯會於鄧始懼楚也』又春秋穀梁傳宣十有七年『六月已未公會晉侯衛侯曹伯邾子同盟於斷道同者有同也同外楚也』等是也

（三）責問鄰國背盟會議征討事　例如春秋左氏傳文二年『六月穆伯會諸侯及晉士縠盟於垂隴晉討衛故也』又如同傳文十一年『夏叔仲惠伯會晉

郤缺於承筐謀諸侯之從於楚者』等是也。

（四）會議勘定領土主權事　例如春秋左氏傳文元年。『秋。晉侯疆衛戚田故使公孫敖會之』是也。

（五）會議土地交換事　例如春秋左氏傳桓元年。『春公即位修好於鄭。鄭人請復祀周公卒易祊田夏四月。公及鄭伯盟於越結祊成也盟曰。渝盟無享國』是也。

（六）會議出兵救同盟國事　例如春秋左氏傳昭十一年。『楚子在申。召蔡靈侯。饗之於申。醉而殺之。刑其士七十人楚公子弃疾帥師圍蔡會諸侯於厥慭謀救蔡也』是也。

以上亦不過畧舉數例。其詳蓋不及備載也。

凡會合之舉不外評議一。定之問題解釋之機關而會合時有盟者有不盟者不一定也當會盟時主盟者預通知會期及會所以求別國之來會與現今國際間列國之會議無異春秋左氏傳襄二十六年。『晉人爲孫氏故召諸侯將以討衛夏中行穆子來聘召公也』又如同傳隱八年『齊侯將平宋衛有會期』等是也然會盟之通知似不必限於其同盟國如左氏傳定七年『秋齊侯鄭伯盟於鹹徵會於衛衛侯欲叛晉諸大夫不可』者是

若夫被徵召之國無故者蓋不得推辭若不會者即可以敵國視之例如春秋左氏傳桓八年『楚子合諸侯於沈鹿黃隨不會使漢章淮黃楚子伐隨軍於互讓之間』又如同傳莊十三年『春齊人會諸侯於北杏以平宋亂遂人不至夏齊人滅遂而戍之』等是然亦有抱鼠首兩端託他事件以詭避辭會者如昭四年『夏諸侯如楚魯衛曹邾不會曹邾辭以難公辭以時祭衛侯辭以疾』者是

至於會合地之君主致餼享來會者以爲禮春秋經桓公十有四年『春王正月公會鄭伯於曹』左氏傳有曰『曹人致餼禮焉』者是

若論其資格凡主盟國會盟國及半會國之三類國家皆有入會之資格蠻夷國亦間有列入於會盟之中者然不得與諸國等視從屬國則無入會之資格諸侯之大夫凡列國（指主盟及會盟國而言）命卿則僅可會伯子男而不得會公侯蓋公侯

位尊故也然至春秋中葉以後則此禮癈矣蓋因主盟國之權日漸加重也（卿可會伯子男不得會公侯之例已見前章）

第四章　國際紛議

第一節　國際紛議之起因及戰爭始期

近世各國國家因權利利益有相侵害時兩下若各不相讓則國際問之爭議必起爭議一起外交即有決裂之現象於是不得不求其所以解決之方法而解決之方法則有如下所列之二種

（甲）以戰爭勝負爲解決

（乙）以和平手段爲解決

以和平手段爲解決之中又有種種之方法而著要者則莫若調停及自助之兩方所謂調停者謂第三國居間出爲和解也所謂自助者謂不藉第三國之調停力但以自國手段處理其紛議也春秋時代國際之紛議非必如近世因法律上所謂權利主張而起往往因伸張權力之手段或口舌而起其解決之方法亦有戰爭及和

平之二種和平解決法中第三國出爲居間調停者例如春秋中期晉楚二國因爭霸權之故紛擾不已由第三國之宋出爲居間和解盟於宋西門之外以定晉楚之從交相定約平分霸權而息爭議者是至於不藉第三國之調停力而以自國處理其紛爭者如春秋左氏傳哀十二年宋鄭之間有隙地也曰彌作頃丘玉暢嵒戈錫子產與宋人爲成曰勿有是』者是雖然春秋列國國際爭議之解決出於和平調停手段者甚稀而其訴於最後手段之戰爭者實多以故春秋列國交戰之事千態萬狀不遑枚舉若夫外交既決裂以後戰事未開始以前各有宣戰之舉例如春秋左氏傳成十三年晉侯使召相絕秦』者是至兩軍既相遇時則一軍出軍使請戰以爲例如春春秋左氏傳僖二十八年『子玉使鬪勃請戰曰請與君之士戲君憑軾而觀之得臣與寓目焉晉侯使欒枝對曰寡君聞命矣』（下略）又如同傳成二年『六月壬申師至於靡笄之下齊侯使請戰曰子以君師辱於敝邑不腆敝賦詰朝請見對曰晉與魯衛兄弟也來告曰大國朝夕釋憾於敝邑之地寡君不忍使羣臣請於大國無令輿師淹於君地能近不能退君無所辱命齊侯曰大夫之許寡

人之願也。若其不許。亦將見也』等是其例也。又敵軍始至其境時。被侵伐之國亦有遣使勞之者。謂之犒師之舉。然此亦不過偶一爲之。非常例也。其中蓋含有或請和或求戰之兩意義。在儀式上固無所區別。其區別此意義者。乃在使人口中宣言之。以犒師含求和之意之例。如春秋左氏傳僖二十六年『夏齊孝公伐我北鄙。(中畧)公使展喜犒師(中畧)齊侯未入境。展喜從之曰。寡君聞君親擧玉趾。將辱於敝邑。使下臣犒執事。齊侯曰。魯人恐乎。對曰。小人恐矣。君子則否。齊侯曰(中畧)何恃而不恐。對曰。恃先王之命。(中畧)齊侯乃還』者。是其例也。以犒師含請戰之意之例。如春秋左氏傳昭五年。『冬十月。楚子以諸侯及東夷伐吳。(中畧)吳子使其弟蹶由犒師。楚人執之。將以釁鼓。王使問之曰。汝卜來吉乎。對曰。吉。寡君聞君將治兵於敝邑。卜之以守龜。曰。余亟使人犒師。請行以觀王怒之疾徐。而爲之備。尙克知之。龜非告曰。吉。克可知也。(中略)乃弗殺。(中略)是行也。吳早設備。楚無功而還』者。是其例也。

第二節　關於戰地人民及敵國財產之法則

戰者國家與國家兵力之爭鬭即國家間公事之爭也故兵力祇可及於敵國軍隊之上對於敵國之普通人民則不得妨害之此種原則均爲近國各來所認定以故戰時國際法中遂所謂有戰鬭員及非戰鬭員國區別矣春秋列國亦已備具是種之思想按司馬法（本書爲戰國初齊威王命其大夫所編定者本古代有之蓋即周之政典也齊威王命大夫考訂之而附齊先代名將穰苴兵法於其中遂因號曰司馬穰苴兵法）有曰『見其老幼奉歸勿傷雖遇壯者不校勿敵』是也又戰爭之目的在於減弱敵國軍隊之力而已是故若已失其戰鬭力而或病或傷或死者生者即不能加害之死者亦不得無禮踐藉之且又當盡其保護之職此種原則亦爲近來各國所認定以故戰時國際法中有收入敵國病者或傷者於病院中之舉春秋列國亦已備具有是種之思想按司馬法有曰『敵若傷之醫藥歸之』者是也至其敵國俘虜待遇之法其詳不可得而考而交戰國間交換俘虜及賠償幷和議後返還之事則皆有之其交換俘虜之事例如春秋左氏傳成三年『晉人歸楚公子穀臣與連尹襄老之尸於楚以求知罃於是荀首（罃父）佐中軍矣故楚人許之』

者是』其賠償之事例如同傳宣二年。『鄭公子歸生受命於楚伐宋。宋華元樂呂禦之。二月壬子。戰於大棘宋師敗績囚華元獲樂呂。（中略）宋人以兵車百乘文馬百駟以贖華元於鄭』者是其和議成後交還之事則有如襄十一年『九月諸侯悉師以復伐鄭鄭人使王子伯駢行成。（中略）十二月會於蕭魚赦鄭囚禮而歸之』者是也。

近今戰時國際公法上所規定凡在戰地敵國之財產非不得已及必要之時不得收沒或破壞之至屈於敵國美術建築學業等不但不得破壞且須保護之至私有財產更不待言矣春秋時代亦已備具是種之思想例如禮記檀弓。『吳大宰嚭曰。古之侵者不斬祀』又按司馬法曰。『冢宰與百官布令於軍曰。入罪人之地。無暴神祇無行田獵無毀土功無燔牆屋無伐林木無取六畜禾黍器械』等者是但近今戰時國際法學中關於敵國財產之事有例外者亦有收沒爲已有之舉然必須含有以下二種之原則

（甲）敵國財產。可以供自己軍隊之用者。可以收沒。

(乙)敵國財產敵人得之可以增長勢力者可以收沒或破壞

蓋此二種關於戰鬪上之必要其勢不得不出於收沒破壞也春秋間亦有其例國有財產之收沒爲已有者例如春秋左氏傳城濮之戰晉師三日穀鄢陵之戰晉師三日穀艾陵之戰吳獲齊車八百乘大棘之戰鄭獲宋車四百六十乘等皆是也私有財產可據爲戰利品之例蓋未之見然其徵發課役之事似亦有之例如孔子家語所載楚伐陳使陳人修其城壘孔子過之不式者是也

第三節　關於戰鬪之方法及手段之法則

近今戰時國際法學上所規定之原則以減少敵國戰鬪力爲目的不得以充分之痛苦加於戰鬪員故有無益痛苦及殺傷投降等種種之禁止春秋之世蓋亦持此主義者故吳王夫差因越王句踐事對於伍員有殺降誅服禍及三世之言而其尤堪佳歎者則莫若畫君主與人民爲兩方面觀看之一事以故君主雖或開罪鄰國受鄰國之責言而其鄰國之對於其國民亦復無異於平時例如魯僖公十三年『冬晉荐饑使乞糴於秦(中略)秦伯曰其君是惡其民何罪秦於是乎輸粟於晉』

自雍及絳相繼。然至其翌年冬。秦饑。乞糴於晉。晉侯不與。秦伯益怒。晉侯。翌年。遂肇韓原之戰。及獲晉侯。秦又赦之。歸是歲之冬。晉又饑。秦伯又輸之粟。曰吾怨其君而矜其民」等是也。

近世戰時國際法中戰爭之際。凡有助敵作戰之行爲者。概可加以刑罰。其中最重要者。莫如間諜。故其被獲之後。即可加以死刑。春秋之世亦然。例如春秋左氏傳宣八年。『春白狄及晉平夏會晉伐秦。晉人獲諜殺諸絳』者是也。至如奉交戰國一方之軍隊之命令。赴他方軍隊開談判。而傳達兩國軍隊之意思命令者。近世謂之軍使。春秋稱曰行人。軍使有特權。敵國不得妄加無禮。春秋之世亦然。例如春秋左氏傳成九年。『晉欒書伐鄭。鄭人使伯蠲行成。晉人殺之。非禮也。兵交使在其間可也』(蓋春秋列國國際交涉間所規定行人當受特別之待遇。不得妄加無禮。今晉人恃强擅殺鄭使。故左氏譏之) 者是也。其他若敵國有大喪或內亂等事。則均有停止戰事之舉。例如春秋左氏傳襄十九年。『晉士匄侵齊。聞喪而還。禮也』又昭二十七年。吳楚戰爭。吳有內亂。『楚人聞吳亂而還』等是也。若或乘機攻擊之者。均目爲不道德之行為為國際交涉間所不許或不免於鄰國之責讓例如春秋左氏傳襄十三年『吳侵楚特楚共王新卒楚人大敗吳明年吳告敗於晉晉人數其不德而退之』者是其一例也。

第四節　關於戰爭結局之法則及結局後之行為

當戰爭進行之際交戰國兩方收戰鬪狀態再回復為和平狀態者是即戰爭之結局也考近今國際法學上其戰爭結局之原因蓋有左之三則

(甲)　交戰國一方之戰鬪力為他方所壓迫不能為繼續之戰爭於是由第三國出為居間或由兩方中之一方直接出而議和時。

(乙)　交戰國兩方之一方戰鬪力有不繼續於是由第三國出為居間。或由戰敗國直接遣使議和時。

(丙)　因種種原因不能為繼續戰爭亦由第三國出為調停或兩方中之一方直接遣使議和時。

其在春秋蓋與此例微有不同約畧舉之蓋有左之四則

（甲）交戰國之兩方有一方爲他方所征服。收沒其全部之土地時。成一種自然之結局即滅國也。春秋時代。此例甚多。

（乙）交戰國之兩方之一方戰鬭力有不繼。戰敗之國。直接遣使求和於戰勝之國。締結和平條約時。例如春秋左氏傳襄十一年。『四月。諸侯伐鄭。（中畧）圍鄭。觀兵於南門。鄭人懼。乃引成。秋七月。同盟於亳。』者是也。（託第三國出爲調停者亦間有之例如文元年晉伐衛衛人使告於陳者是也）

（丙）交戰國兩方之一方。戰鬭力有不繼。戰勝之國。不欲爲已甚之行爲。直接遣使求和於戰敗國時。例如春秋左氏傳哀八年。『吳爲邾故伐我。（中畧）吳師克東陽而進。舍於五梧。明日舍於蠶室。公賓庚公甲叔子與戰於夷。獲叔子與析朱鉏。獻於王。吳人引成。（中畧）與人盟而還。』者是也。

（丁）交戰國兩方之一方。其戰勝者。或在小國。不敢爲繼續行爲。直接

遣使求和於戰敗國時例如春秋左氏傳文九年『秋楚公子朱自東夷伐陳陳人敗之獲公子茷陳懼乃及楚平』者是也

雖然春秋列國殆皆在戰爭中故會盟之事由廣義言之皆謂之媾和條約之締結者可也當締條約時若在敗者之城敗者當深以爲恥以故戰敗之國多不肯爲城下之盟例如春秋左氏傳宣十四年『秋九月楚子圍宋十五年(上畧)宋人懼使華元夜入楚師登子反之床起之曰寡君使元以疾告曰敝邑易子而食析骸以爨雖然城下之盟猶以國斃不能從也去我三十里惟命是聽』又如同傳哀八年吳伐魯魯戰敗魯大夫子服景伯曰『楚人圍宋易子而食析骸而爨猶無城下之盟我未及虧而有城下之盟是棄國也』等語可以想見其一班矣

春秋列之以戰爭進行停止之後當締結和平條約時在戰敗之國亦有割讓領土及償金等事如割讓領土之例則有如春秋左氏傳成十四年『八月鄭子罕伐許許焉戊戌鄭伯復伐許庚子入其郛許以平以叔申之封』者是也其償金之例則有如同傳襄二十五年『晉侯濟自泮會於夷儀伐齊以報朝歌之役齊人以莊公

說使隰鉏請成慶封如師男女以班賂晉侯以宗器樂器。自六正。五吏三十帥三軍之大夫。百官之正長歸旅。及處守者皆有賂』者是也。在戰勝國之一方面當締結和平條約時則亦有交賂戰時所佔領土及俘虜交還等事其交還戰時所佔領土之例則有如春秋左氏傳襄二十五年。『六月。鄭子展子產率車七百乘伐陳宵突陳城。遂入之。(中畧)陳侯使司馬桓子賂以宗器。(中畧)子展執贄而見再拜稽首賂飲而進獻。子美入賂俘而出。祝祓社。司徒致民。司馬致節司空致地。乃還』者是。其交還俘虜之例則有如同傳襄十一年。晉及鄭平後命諸侯釋鄭囚禮而歸之者是也。

若夫和平條約締結以後之行為在戰敗之國則常有遣使之戰勝國拜成之舉例如春秋左氏傳文十八年。『齊侯伐我北鄙。襄仲請盟。六月。盟於于穀。冬襄仲如齊。拜穀之盟』若或由第三國出為居間者則戰國敗又有遣使至第三國謝其調停之勞之舉例如同傳文元年。』晉先且居胥臣伐衛。五月辛丑朔晉師圍戚。六月戊戌。敗之獲孫昭子。衛人使告於陳。(中略)二年。陳侯為衛請成於晉。三年衛侯如陳。

拜晉成也』者是也。

至在戰勝國一方面於戰勝結局以後之行爲常有獻俘於本國宗廟之舉例如春秋左氏傳昭十八年『九月丁卯晉荀吳帥師涉自棘津（中略）庚午遂滅陸渾（中略）獻俘於文宮』者是也其他則又有獻俘列國之舉然非國際之規常故或受當世之譏評或來對手國之拒絕例如春秋經莊三十一年『六月齊侯來獻戎捷』左氏傳釋之曰非禮也凡諸侯有四夷之功則獻於王王以警夷中國則否列國不相遺俘』又成二年左氏傳『晉侯使鞏朔獻齊捷於周王弗見使單襄公辭焉曰蠻夷戎狄不式王命淫湎毀常王命伐之則有獻捷王親受而勞之所以懲不敬勸有功也兄弟甥舅侵敗王略王命伐之告事而已不獻其功所以敬親暱禁淫慝也』等。是也。

又在春秋列國雖各自謀其爲本國勢力之擴張屢起戰爭然道德思想比較權利思想尙有優勝之處故戰勝國當時雖有割據戰敗國領土之事若和平既久之後則常有交還之者例如春秋左氏傳文八年『晉郤缺言於趙宣子曰日衛不睦故

取其地今已睦矣可以歸之。其明年春。晉侯使、解揚歸匡戚之田於衞。且復致公壻池之封。自申至於虎牢之竟。』是其一例也。

第五章　結論

以上各章之所敍列或不免有附會處然春秋列國交際間固常有以禮及非禮爲口舌而因之以互相鉗制不敢爲强暴之行動者由是以觀春秋列國雖無國際法訂定之明文而交際之道固已有其常規已現今國際法學上所有一班之思想已早支配於春秋時代之人心矣嗚呼。是固不可謂非我國上古列史上之一文明盛範也且又有說近世歐洲列國國勢伸張之原因非僅恃乎其兵備之嚴整也而尤賴乎其外交術之妙巧春秋列國亦然故使節之選擇在當時實極爲嚴重例如春秋左氏傳文十二年。魯大夫贊秦使西乞術曰。『不有君子其能國乎國無陋矣』等之語可想見其一班若夫其在對手國一方面亦當選擇接待來使之人務使愼重其國際庶不致破國際間之親交例如春秋左氏傳二十六年。『春秦伯之弟鍼如晉修成。叔向命召行人子員。行人子朱曰。朱也當御。三云。叔向不應。子朱怒曰。班爵同。

何以黜朱於朝。撫劍從之叔向曰。秦晉不和久矣今日之事幸而集晉國賴之不集。三軍暴骨子員道二國之言無私子常易之姦以事君者吾所能禦也。』是也至於在受命出使之人亦常有自任爲國家藩籬及國家干城之氣概例如春秋經『叔孫豹會晉趙武楚公子圍齊國弱宋向戌衛石惡陳公子招蔡公孫歸生許人魯人于虢三月。取鄆。』左氏傳叙其事曰。（上畧）遂會於虢。尋宋之盟也。（中畧）季武子伐莒取鄆。莒人告於會。楚人告於晉曰。尋盟未退。而魯伐莒。瀆齊盟。請戮其使。樂桓子相趙文子。欲求貨於叔孫。而爲之請。（中畧）弗與。染其經曰。貨以藩身。子何愛也。叔曰諸侯之會爲社稷我以貨免魯必受師是禍之也何衞之爲人之有牆以蔽惡也牆之隙壞誰之咎也衞而惡之吾又甚焉雖怨季孫。魯國何罪叔出季處有自來矣吾又誰怨。』等是其例也。嗟嗟若與近日清政府所派遣駐札或聘問列國之使臣畏首畏尾巽懦苟安傷失國體出賣利權者流提絜比較之其相去固何啻霄壤也哉

完結

摩羅詩力說（續第二期）

令飛

五

自尊至者。不平恒繼之。忿世嫉俗。發爲巨震。與對蹠之徒爭衡。蓋人既獨尊。自無退讓。自無調和。意力所如。非達不已。乃以是漸與社會生衝突。乃以是漸有所厭勌於人間。若裴倫者。即其一矣。其言曰。磽确之區。吾儕奚穫耶。（中畧）凡有事物。無不定以習俗至謬之衡。所謂輿論。實具大力。而輿論則以昏黑蔽全球也。此其所言。與近世諸威文人伊孛然合。見伊氏生於近世。憤世俗之昏迷。悲眞理之匿耀。假社會之敵以建言。立博士斯託克曼爲全書主者。死守眞理。以拒庸愚。終獲羣敵之謚。自既見放於地主。其子復受斥於學校。而終奮鬬。不爲之搖。末乃曰。吾又見眞理矣。地球上至强之人。至獨立者也。其處世之道如是。顧裴倫不盡然。凡所描繪。皆稟種種思。具種種行。或以不平而厭世。遠離人羣。寧與天物爲儕偶。如哈洛爾特。或厭世至極。乃希滅亡。如曼弗列特。或被人天之楚毒。至於刻骨。乃咸希破壞。以復仇讎。如康刺德與盧希飛勒。或棄斥德義。蹇視淫遊。以嘲弄社會。聊快其意。如堂祥。其非然者。則尊俠尚義。扶弱者而平不平。顛仆有力之蠢愚。雖獲罪於全羣無懼。即裴倫最後之時是已。彼當前時經歷。一如上述書中衆士。特未欷歔斷望。願自逖於人間。如曼弗列特之所爲而已。故懷抱不平。突突上發。則倨傲縱逸。無恤人言。破壞復讎。更弗顧忌。而義俠之性。亦即伏是烈火之中。重獨立而愛自繇。苟奴隸立其前。必衷悲而疾視。衷悲所以衷其不幸。疾視所以怒其不爭。此詩人所爲援希臘之獨立。而終死其軍者也。蓋裴倫者。自繇主義之人耳。嘗有言曰。若爲自由故。不必戰於宗邦。則當爲戰於他國。是時意太利適制於墺。失其自由。有秘密政黨起。謀獨立。乃密與其事。以擴張自由之元氣者自任。雖狙擊密偵之徒。環遶其側。終不爲廢遊步馳馬之事。後秘密政黨破於墺人。前望悉已。而精神終不消。裴倫之所督勵。力直及於後日。起馬志尼。起加富爾。於是意之獨立成。故馬志尼曰。意太利實大有負於裴倫。彼起吾國者也。蓋誠言已。裴倫平時。又至有情愫於希臘。思想所趣。如磁指南。特希臘時自由悉喪。入突厥版圖。受其羈縻。不敢抗拒。詩人惋惜悲憤。往往見於篇章。懷前古之先榮。

哀後人之零落。或與斥責。或加激勵。思使之攘突厥而復興。更覩往日燿燦莊嚴之希臘。如所作不信者暨堂祥二詩中。其怨憤誚責之切。與希冀之誠。無不然可徵信也。比千八百二十三年。倫敦之希臘協會馳書記裴倫。請援希臘之獨立。裴倫平日。至不滿於希臘今人。嘗稱之曰世襲之奴。曰自由苗裔之奴。因不即應。顧以義憤故。則終諾之。遂行。而希臘人民之墮落。乃誠如其說。勵之再振。爲業至難。因羈滯於克茀洛尼亞島者五月。始向密淑倫。其時海陸軍方奇困。聞裴倫至。狂喜。羣集迓之。如得天使也。次年一月。獨立政府任以總督。幷授軍事及民事之全權。而希臘是時。財政大匱。兵無宿糧。大勢幾去。加以式列阿忒傭兵見裴倫寬大。復多所要索。稍不滿。輒欲背去。希臘墮落之民。又誘之使窘裴倫。裴倫大憤。極詆彼國民性之陋劣。前所謂世襲之奴。乃果不可猝救如是也。而裴倫志尚不灰。自立革命之中樞。當四圍之艱險。將士內訌。則爲之調和。以己爲模。教之人道。更設法舉債。以振其窮。又定印刷之制。且堅堡壘以備敵。內爭方烈。而突厥果攻密淑倫。其式列阿忒傭兵三百人。復乘亂佔要害地。裴倫方病。聞之泰然。力平黨派之爭。使一心以面敵。特內外迫拶。神質劇勞。久之疾乃漸革。將死。其從者持楮墨。將錄其遺言。裴倫曰。否。時已過矣。不之語。已而微呼人名。終乃曰。吾言已畢。從曰。吾不解公言。裴倫曰。吁。不解乎。嗚呼晚矣。狀若甚苦。有間復曰。吾既以吾物吾時暨吾康健悉付希臘矣。今更付之吾生。他更何有。遂死。時千八百二十四年四月十八日夕六時也。今爲反念前時。則裴倫抱大望而來。將以天縱之才。致希臘復歸於往時之榮譽。自意振臂一呼。人必將靡然向之。蓋以異域之人。猶憑義憤爲希臘致力。而彼邦人。縱墮落腐敗者日久。然舊澤尙存。人心未死。豈意遂無情愫於故國乎。特至今玆。則前此所圖。悉如夢迹。知自由苗裔之奴。乃果不可猝救有如此也。次日希臘獨立政府爲舉國民喪。市肆悉罷。礮臺鳴礮三十七。如裴倫壽也。

吾今爲按其爲作思惟。索詩人一生之內閟。則所遇常抗。所向必動。貴力尙强。尊己好戰。而戰復不如野獸。爲獨立自由人道也。此已署言之前分矣。故其平生。如狂濤如厲風。舉一切僞飾陋習。悉與蕩滌。瞻顧前後。素所不知。精神鬱勃。莫可制抑。力戰而斃。亦必自救其精神。不克厥敵。戰更無止。而復率眞行誠。無所諱掩。謂世之毀譽褒貶是非。善惡皆緣習俗而非誠。因悉措而不理。蓋英倫爾時。虛僞滿於社會。以虛文縟禮爲眞道德。苟有秉自由思想而探究。舉世輒謂之惡人。裴倫善抗。性又率眞。夫自不可以默也。故託凱因而言曰。惡魔者。說眞理者也。遂不恤與人羣敵。世之貴道德者。又即以此交非之。遏克曼亦嘗問耀德以裴倫之文有無教訓。耀德對曰。裴倫之剛毅雄大。教訓即函其中。苟能知之。斯獲教訓。若夫純潔之云。道德之云。吾人何問焉。蓋知偉人者。亦惟偉人焉而已。裴倫亦嘗評朋思曰。斯人也。心情反張。柔而剛。疏而密。精神而質。高尙而卑。有神聖者焉。有不淨者焉。互和合也。裴倫亦然。自尊而憐人之爲奴。制人而援人之獨立。無懼於狂濤而大儆於乘馬。好戰崇力。遇敵無所寬假。而於累囚之苦。有同情焉。意者摩羅爲性。有如此乎。且此亦不獨摩羅爲然。凡爲偉人。大率如是。即一切人。若去其面具。誠心以思。有純禀世所謂善性而無惡分者。果幾何人。遍觀衆生。必幾無有。則裴倫雖負摩羅之號。亦人而已。夫何詫焉。顧其不容於英倫。終放浪顚沛而死異域者。特面具爲之害耳。此即裴倫所反抗破壞。而迄今猶殺眞人而未有止者也。嗟夫。虛僞之毒。有如是哉。裴倫平時。其製詩極誠。

嘗曰。英人評騭。不介我心。若以我詩爲愉快。任之而已。吾何能阿其所好爲。吾之握管。不爲婦孺庸俗。乃以吾全心全感情全意志。與多量之精神而成詩。非欲聆彼輩柔聲而作者也。夫如是。故凡一字一辭。無不即其人呼吸精神之形現。中於人心。神絃立應。其力之曼衍於歐土。例不能見於英詩人中。僅司各德所爲說部。差足與相𧩐比而已。若爲力奈何。則意太利希臘二國。已如上述。可毋贅言。此他西班牙德意志諸邦。亦悉蒙其影響。次復入斯拉夫族而新其精神。流澤之長。莫可闡述。至其本國。則猶有修黎 Percy Bysshe Shelly 一人。契支 Sohn keats 雖亦蒙摩羅詩人之名。而與裴倫別派。故不述於此。

六

修黎生三十年而死。其三十年悉奇蹟也。而亦即無韻之詩。時既艱危。性復狷介。世不彼愛。而彼亦不愛世。人不容彼。而彼亦不容人。客意太利之南方。終以壯齡而夭死。謂一生即悲劇之實現。蓋無詩也。修黎者以千七百九十二年生於英之名門。姿狀端麗。夙好靜思。比入中學。大爲學友暨校師所不喜。虐遇不可堪。詩人之心。乃早萌反抗之朕兆。後作說部。以所得值饗其友八人。負狂人之名而去。次入惡斯佛大學。修愛智之學。屢馳書乞教於名人。而爾時宗教。權悉歸冥頑之牧師。因以妨自由之崇信。修黎蹶起。著無神論之要一篇。畧謂惟慈愛平等三。斯致世界爲樂園之要素。若夫宗教。於此無功。無有可也。書成行世。校長見之大震。終逐之。其父亦驚絕。使謝罪返校。而修黎不從。因不能歸。天地雖大。故鄉已失。於是至倫敦。時年十八。顧已孤立兩間。歡愛悉絕。不得不與社會戰矣。已而知戈德文 W. Godwin。讀其著述。博愛之精神益張。次年入愛爾蘭。檄其人士。於政治宗教。皆欲有所更革。顧終不成。逮千八百十五年。其詩阿刺斯多 Alastor 始出世。記懷抱神思之人。索求美者。遍歷不見。終死曠原。如自敘也。次年乃識裴倫於瑞士。裴倫深稱其人。謂奮迅如獅子。又善其詩。而世猶無顧之者。又次年成伊式闌轉輪篇 The Revolt of Islam。凡修黎懷抱。多抒於此。篇中英雄曰羅昂。以熱誠雄辯。警其國民。鼓吹自由。顛仆壓制。顧正義終敗。而壓制於以凱還。羅昂遂爲正義死。是詩所函。有無量希望信仰。暨無窮之愛。窮追不舍。終以殞亡。蓋羅昂者。實詩人之先覺。亦即修黎之化身也。

至其傑作。尤在劇詩。厥中之偉者二。一曰解放之普洛美迢斯 Brometheus Nnbo-und。一曰黠希 The Cenci。前者事本希臘神話。意類裴倫之凱因。假普洛美迢爲人類之精神。以愛與正義自由故。不恤艱苦。力抗壓制主者僦畢多。竊火貽人。受縶於山頂。猛鷲日啄其肉。而終不降。僦畢多爲之辟易。普洛美迢乃眷女子珂希亞。獲其愛而畢。珂希亞者理想也。黠希爲詩。事出意太利。記女子黠希之父。酷虐無道。毒之無所弗至。黠希終殺之。與其後母兄弟同戮於市。論者或謂之不倫。顧失常之事。不能絕於人間。即中國春秋。修自聖人之手者。而類此之事。亦數數見。且悉直書不之諱焉。吾人獨於修黎所作。乃和衆口而難之耶。上述二篇。詩人悉出以全力。嘗自言曰。吾詩爲衆而作。讀者將多。又曰。此可登諸劇場者。顧詩成而後。實乃反是。社會以謂不足讀。伶人以謂不可爲。修黎抗僞俗弊習以成詩。而詩亦即受僞俗弊習之天閼。此十九祺上葉精神界之戰士。所爲多抱正義而駢殞者也。雖然。往時去矣。任其自去。若夫修黎之眞值。則至今日而大昭。革新之潮。此其巨派。戈德文書出。初啓其端。得詩人之聲。乃益深入世人之靈府。凡正義自由眞理以至博愛希望諸說。無不化而成醇。或爲羅昂。或爲普洛美迢。或爲伊式闌之壯士。形現人前。與舊習對立。轉易破壞。無假借也。舊習既破。何物斯存。則惟改革之新精神而已。十九世紀機運之新。實賴有是。朋思唱於前。裴倫修黎起其後。顛仆排斥。人漸爲之倉皇。而倉皇之中。即亟人用之改進。故世之疾視破壞。加之惡名者。特見一偏而未得其全體者爾。若爲揭其眞狀。則光明希望。實伏於中。惡物悉顛。於羣何毒。破壞之云。特可發自冥頑牧師之口。而不可聞諸全羣者也。若其聞之。則破壞爲業。斯愈益貴矣。況修黎者。神思之人。求索而無止期。猛進而不退轉。淺人之所觀察。殊莫可得其淵深。若能眞識其人。將見品性之卓出於雲間。熱誠勃然。無可沮遏。自趁其神思而奔神思之鄉。此其爲鄉。則爰有美之本體。奧古斯丁曰。吾未有愛而吾欲愛。因抱希冀以求足愛者也。惟修黎亦然。故終出人間而神行。冀自達其所崇信之境。復以妙音。喻一切未覺。使知人類曼衍之大故。暨人生價值之所存。盛同情之精神。而張其上征渴仰之思想。使懷大希以奮進。與時刦同其無窮。世則謂之惡魔。而修黎遂以孤立。羣復加以排擠。使不可久淹於人間。於是壓制凱還。修黎以死。蓋宛然阿剌斯多之殞大漠也。

雖然。其獨慰詩人之心者。則尚有天然在焉。人生不可知。社會不可恃。則對天物之不僞。因寄之無限之溫情。一切人心。孰不如是。特緣受染有異。所感斯殊。故目睛奪於實利。則思驅天然爲之得金資。智力集於科學。則思制天然而見其法則。若至下者。乃自春徂冬。於兩間崇高偉大美妙之見象。絕無所感應於心。自隳神智於深淵。壽雖百年。而迄不知光明爲何物。則所謂臥天然之懷。作嬰兒之笑。又何解焉。修黎幼時。素親天物。嘗曰。吾幼卽愛山河林壑之幽寂。遊戲於斷厓絕壁之爲危險。吾伴侶也。攷其生平。誠如自述。方在稚齒。已盤桓於密林函谷之中。晨瞻曉日。夕觀繁星。俯則瞰大都中人事之盛衰。或思前此壓制抗拒之陳迹。而蕪城古邑。或破屋中貧人啼飢號寒之狀。亦時復歷歷入其目中。神思之澡雪。旣至異於常人。則曠觀天然。自感神閟。凡萬彙之當其前。皆若有情而至可念也。故心絃之動。自與天籟合調。發爲抒情之什。品悉至神。莫可方物。非狹斯丕爾暨斯賓塞所作。不有足與倫比者焉。比千八百十九年春。修黎定居羅馬。次年遷畢撒。裴倫亦至。此他之友多集。爲其一生中至樂之時。迨二十二年七月八日偕其友乘舟泛海。而暴風猝起。益以奔電疾雷。少頃波平。孤舟遂杳。裴倫聞信大震。遣使四偵之。終得詩人之骸於水裔。乃葬羅馬焉。修黎生時。久欲與生死問題以詮解。自曰。未來之事。吾意已滿於柏拉圖暨培庚之所言。吾心至定。無畏而多望。人居今日之軀殼。能力悉蔽於陰雲。惟死亡來解脫其身。則秘密始能闡發。又曰。吾無所知。亦不能證。靈府至奧之思想。不能出以言辭。而此種事。縱吾身亦莫能解爾。死生大矣。而理至閟。置而不解。詩人未能。而解之之術。又獨有死而已。故修黎曾泛舟墜海。乃大悅呼曰。今使吾釋其秘密矣。然不死。一日浴於海。則伏而不起。友引之出。施救乃蘇。曰。吾恒欲探井中。人謂誠理伏焉。當我見誠。而君見我死也。然及今日。則修黎眞死矣。而人生之閟。亦以眞釋。特知之者。亦獨修黎耳。

七

若夫斯拉夫民族。思想殊異於西歐。而裴倫之詩。亦疾進無所沮核。俄羅斯當十九世紀初葉。文事始新。漸乃獨立。且益昭明。今則已有齊驅先覺諸邦之概。令西歐人士。無不驚其美偉矣。顧夷攷權輿。實本三士。曰普式庚。曰來爾孟多夫。曰鄂戈理。前二者以詩名世。均一受影響於裴倫。惟鄂戈理以描繪社會人生之黑闇著。與二人異趣。不屬於此焉。

普式庚 A. Pushkin 以千七百九十九年年生於墨斯科。幼即爲詩。初建羅曼宗於其文界。名以大揚。顧時俄多內訌。時勢方亟。而普式庚詩多諷喩。人即藉而擠之。將流鮮卑。有數耆宿力爲之辯。始獲免。謫居南方。其時始讀裴倫詩。深感其大。思理文形。悉受轉化。小詩亦常摹裴倫。尤著者有高加索累囚行。至與哈洛爾特遊草相類。中記俄之絕望青年。囚於異域。有少女爲釋縛縱之行。青年之情意復蘇。而厥後終於孤去。其及潑希 Gypsy 一詩亦然。及潑希者。流浪歐州之民。以遊牧爲生者也。有失望於世之人曰阿勒戈。慕是中絕色。因入其族。與爲昏因。顧多嫉。漸察女有他愛。終殺之。女之父不施報。特令去不與居焉。二者爲詩。雖有裴倫之式。然又至殊。凡厥中勇士。等是見放於人羣。顧復不離亞歷山大時俄國社會之一質分。易於失望。速於奮興。有厭世之風。而其志至不固。普式庚於此。已不寄之同情。諸凡切於報復而觀念無所勝人之失。悉指摘不爲諱飾。故社會之僞善。旣灼然現於人前。而及潑希之樸野純全。亦相形爲之益顯。論者謂普式庚所愛。漸去裴倫式勇士而向祖國純樸之民。蓋實自斯時始也。爾後鉅製。曰阿內庚 Eugiene Onieguine。詩材至簡而文特富麗。爾時俄之社會情狀。略具於斯。惟以推敲八年。所蒙之影響至不一。故性格遷流。首尾多異。厥初二章。尚受裴倫之感化。則其英雄阿內庚爲性。力抗社會。斷望人間。有裴倫式英雄之槩。特已不憑神思。漸近眞然。與爾時其國青年之性質肖矣。厥後外緣轉變。詩人之性格亦移。於是終別裴倫。所作日趣於獨立。而文章益妙。箸述亦多。至與裴倫分道之因。則爲說亦別。或謂裴倫絕望奮戰。意向峻絕。實與普式庚性格不相容。曩之信崇。蓋出一時之激越。遞風濤大定。自即棄置而返其初。或謂國民性之不同。當爲是事之樞紐。西歐思想。絕異於俄。其去裴倫。實由天性。天性非合。則裴倫之長存自難矣。凡此二說。無不近理。特就普式庚个人論之。則其對於裴倫。僅摹外狀。迨放浪之生涯畢。乃驟返其本然。不能如來爾孟多夫。終執消極觀念而不舍也。故當旋墨斯科後。立言益務平和。凡足與社會生衝突者。咸力避而不道。且多讚誦。美其國之武功。千八百三十一年波蘭抗俄。西歐諸國右波蘭。於俄多所憎惡。普式庚乃作俄國之讒謗者暨波羅及諾之一周年二篇。以自明愛國。丹麥評隲家勃闌兌思於是有微辭。謂惟武力之恃而猥藉人之自由。雖云愛國。顧爲獸愛。特此亦不僅普式庚爲然。即今之君子。日日言愛國者。於國有誠屬人愛而不墜於獸愛者。蓋僅見也。及晚年與和蘭公使子覃提思迕。終於決鬬。中腹越二日而逝。時爲千八百三十七年。俄自有普式庚。文界始獨立。故文史家芘賓有謂眞之俄國文章。實與斯人偕起也。而裴倫之摩羅思想。則又經普式庚而傳來爾孟多夫。

來爾孟多夫 W. Lermontov 生千八百十四年。與普式庚略並世。其先來爾孟思 Lermonth 氏。英之蘇格蘭人。故每有不平。輒云將去此冰雪警吏之地。歸其故鄉。顧性格全如俄人。高思善感。惆悵無間。少即能綴德語成詩。後入大學被黜。乃居陸軍學校二年。出爲士官。如常武士。惟自謂第於香賓酒中加少許詩趣而已。及爲禁軍騎兵小校。始仿裴倫詩紀東方事。且至慕裴倫爲人。其自記有曰。今吾讀世胄裴倫傳。知其生涯有同我者。而此偶然之同。乃大驚我。又曰。裴倫更有同我者一事。即嘗在蘇格蘭。有媼謂裴倫母曰。此兒必成偉人。且當再娶。而在高加索。亦有媼告吾大母。言與此同。縱不幸如裴倫。吾亦願如其說。顧來爾孟多夫爲人。又近修黎。修黎所作解放之普洛美迢。感之甚力。於人生善惡競爭諸問。至爲不寧。而詩則不之仿。初雖摹裴倫及普式庚。後亦自立。且思想復類德之哲人勗賓赫爾。知習俗之道德大原。悉當改革。因寄其意於二詩。一曰神摩 Gamrn 。一曰謨嚌黎 Mtsyri。前者託旨於巨靈。以天堂之逐客。又爲人間道德之憎者。超越凡情。因生疾惡。與天地鬭爭。苟見衆生動於凡情。則輙施以賤視。後者一少年求自由之呼号也。有孺子焉。生長山寺。長老意已斷其情感希望。而孺子魂夢。不離故園。一夜暴風雨。乃乘長老方禱潛遁出寺。彷徨林中者三日。自由無限。畢生莫倫。後言曰。爾時吾自覺如野獸。力與風雨電光猛虎戰也。顧少年迷林中不能返。數日始得之。惟已以鬭豹得傷。竟以是殞。嘗語侍疾老僧曰。丘墓吾所弗懼。人言畢生憂患。將入睡眠。與之永寂。第吾憂與吾生別耳。……吾猶少年。……寧汝尙憶少年之夢。抑已忘前此世間憎愛耶。倘然。則此世於汝。失其美矣。汝弱且老。滅諸希望矣。少年又爲述林中所見與所覺自由之感。並及鬪豹之事曰。汝欲知吾獲自由時。何所爲乎。吾生矣。老人。吾生矣。使盡吾生無此三日者。且將慘澹冥闇。逾汝暮年耳。比普式庚鬪死。來爾孟多夫又賦詩寄其悲。末解有曰。汝儕朝人。天才自由之屠伯。今有法律以自庇。士師蓋無如汝何。第猶有尊嚴之帝在天。汝不能以金資爲賂。……以汝黑血。不能滌吾詩人之血痕也。詩出。舉國傳誦。而來爾孟多夫亦由是得罪。定流鮮卑。後遇援。乃戍高加索。見其地之物色。詩益雄美。惟當少時。不滿於世者義至博大。故作神摩。其物猶撒但。惡人生諸凡陋劣之行。力與之敵。如勇猛者所遇無不庸懦。則生激怒。以天生崇美之感。而衆生擾擾。不能相知。爰起厭勌。憎恨人世也。顧後乃漸即於實。凡所不滿。已不在天地人間。退而止於一代。後且更變。而猝死於決鬪。決鬪之因。卽肇於來爾孟多夫所爲書曰並世英雄記。人初疑書中主人。即著者自序。迨再印。乃辨言曰。英雄不爲一人。實吾曹並時衆惡之象。蓋其書所述。實卽當時人士之狀爾。於是有友摩爾迭諾夫者。謂來爾孟多夫取其狀以入書。因與索鬪。來爾孟多夫不欲殺其友。僅舉鎗射空中。顧摩爾迭諾夫則擬而射之。遂死。年止二十七。

前此二人之於裴倫。同汲其流。而復殊別。普式庚在厭世主義之外形。來爾孟多夫則直在消極之觀念。故普式庚終服帝力。入於平和。而來爾孟多夫則奮戰力拒。不稍退轉。汲覃勗迭氏評之曰。來爾孟多夫不能勝來追之運命。而當降伏之際。亦至猛而驕。凡所爲詩。無不有强烈弗和與踔厲不平之響者。良以是耳。來爾孟多夫亦甚愛國。顧至不同普式庚。不以武力若何。形其偉大。凡所眷愛。乃在鄉村大野。及村人之生活。且推其愛而及高加索土人。此土人者。以自由故。力敵俄國者也。來爾孟多夫雖自從軍。兩與其役。然終愛之。所作伊思邁爾培 Ismail-Bey 一篇。即紀其事。來爾孟多夫之於拿破崙。亦稍異裴倫。裴倫初嘗責拿破崙對於革命思想之謬。及既敗。乃有憤於野犬之食死獅而崇之。來爾孟多夫則專責法人。謂自陷其雄士。至其自信。亦如裴倫。謂吾之良友。僅己一人。又負雄心。期所過必留影迹。然裴倫所謂非憎人間。特去之而已。或云吾非愛人少。惟愛自然多耳等意。則不能聞自來爾孟多夫。彼之平生。常以憎人者自命。凡天物之美。足以樂英詩人者。在俄國英雄之目。則長此黯澹。濃雲疾雷而不見霽日也。蓋二國人之異。亦差可於是見之矣。

八

丹麥人勃闌兌思於波闌之羅曼派。舉密克威支 A. Mickiewics 斯洛伐支奇 J. Slowacki 克剌旬斯奇 S. Kraginski 三詩人。密克威支者。俄文家普式庚同時人。以千七百九十八年生札希亞小村之故家。村在列圖尼亞。與波闌比。十八歲出就維爾那大學。治言語之學。初嘗愛鄰女馬理維來蘇薩加。而馬理他去。密克威支爲之不歡。後漸讀裴倫詩。又作詩曰死人之祭 Dziady。中數份敍列圖尼亞舊俗。每十一月二日。必置酒果壠上。用享死者。聚村人牧者術士一人。暨衆冥鬼。中有失愛自殺之人。已經冥判。每屆是日。必更歷苦如前。此而詩止斷片未成。爾後居加夫諾 Kowno 爲敎師。二三年返維爾那。遞千八百二十二年。捕於俄吏。居囚室十閱月。窗牖皆木製。莫別晝夜。乃送聖彼得堡。又徙阿兌塞。而其地無需於敎師。遂之克利米亞。攬其地風物以助咏吟。後成克利米亞詩集一卷。已而返墨斯科。從事總督府中。箸詩二種。一曰格羅蘇那 Gracyna。記有王子烈泰威爾。與其外父域多勒特迕。將乞外兵爲援。其婦格羅蘇那知之。不能令勿叛。惟命守者。勿容日耳曼使人入諾華格羅迭克。援軍遂怒。不攻域多勒特而引軍薄烈泰威爾。格羅蘇那自擐甲僞爲王子與戰。已而王子歸。雖倖勝而格羅蘇那中流凡旋死。及葬。爇發礮者同置之火。烈泰威爾亦殉焉。此篇之意。蓋在假有婦人。第以祖國之故。則雖背夫子之命。斥去援兵。欺其軍士。瀕國於險。且召戰爭。皆不爲過。苟以是至高之目的。則一切事。無不可爲者也。一曰華連洛德 Wallenrod 其詩取材古時。有英雄以敗亡之餘。謀復國仇。因僞降敵陳。漸爲其長。得一舉而復之。此蓋以意太利文人摩契阿威黎 Machiavelli 之意。附諸裴倫之英雄。故初視之亦第羅曼派言情之作。檢文者弗喻其意。聽之付梓。密克威支名遂大起。未幾得間。因至德國。見其文人瞿德。此他猶有佗兌支氏 Pan Taoeusz 一詩。寫蘇孛烈加暨訶什支珂二族之事。描繪物色。爲世所稱。其中雖以佗兌支爲主人。而其父約舍克易名出家。實其主的。初記二人態。獵有名華伊斯奇者吹角。起自微聲。以至洪響。自榆度榆。自槲至槲。漸乃如千萬角聲。合之一角。正如密克威支所爲詩。有今昔國人之聲。寄於是焉。諸凡詩中之聲。情澈弘厲。萬感悉至。直寄波蘭一角之天。悉滿歌聲。雖至今日而影響於波蘭人之心者。力猶無限。令人憶詩中所云。聽者當華伊斯奇吹角久已。而尚疑其方吹未已也。密克威支者。蓋即生於彼歌聲反響之中。至於無盡者夫。

密克威支至崇拿破崙。謂其實造裴倫。而裴倫之生活。暨其光耀。則覺普式庚於俄國。故拿破崙亦間接起普式庚。拿破崙使命。蓋在解放國民。因及世界。而其一生。則爲最高之詩。至於裴倫。亦極崇仰。謂裴倫所作。實出拿破崙。英國同代之人。雖被其天才影響。而卒莫能並大。蓋自詩人死後。而英國文章。狀態又歸前紀矣。若在俄國。則善普式庚。二人同爲斯拉夫文章首領。亦裴倫分支。逮年漸進。亦均漸趣於國粹。特所異者。普式庚少時欲畔帝力。一舉不成。遂以鎩羽。且感帝意。願爲之臣。失其英年時之主義。而密克威支則長此保持。洎死始已也。當二人相見時。普式庚有銅馬一詩。密克威支則有大彼得象一詩。爲其記念。蓋千八百二十九年頃。二人嘗避雨象次。密克威支因賦詩紀所語。假普式庚爲言。末解曰。馬足已虛。而帝不勒之返。彼曳其枚行且墜碎。歷時百年。今猶未墮。是猶山泉噴水。著寒而冰。臨懸崖之側。耳顧自由日出。薰風西集。寒沍之地。因以昭蘇。則噴泉將何如。暴政將何如也。雖然。此實密克威支之言。特託之普式庚者耳。迨波蘭破後。二人絕迹。普式庚有詩懷之。普式庚傷死。密克威支亦念之至。顧二人雖甚稔。又同本裴倫。而亦有特異者。如普式庚於晚出諸作。恆自謂少年眷愛自繇之夢。已背之去。又謂前路已不見儀的之存。而密克威支則儀的如是。決無疑貳也。

斯洛伐支奇以千八百九年生克爾舍密涅克 Krzemieniec。少孤。育於後父。嘗入維爾那大學。性情思想如裴倫。二十一歲入華騷戶部爲書記。越二年。忽以事去國。不能復返。初至倫敦。已而至巴黎。成詩一卷。仿裴倫詩體。時密克威支亦來相見。未幾而迕。所作詩歌。多慘苦之音。千八百三十五年去巴黎。作東方之遊。經希臘埃及敍利亞。三十七年返意太利。道出曷爾愛列須阻疫。滯留久之。作大漠中之疫一詩。記有亞剌伯人爲言目擊四子三女洎其婦相繼死於疫。哀情湧於毫素。讀之令人憶希臘尼阿孛 Niobe 事。亡國之痛。隱然在焉。且又不止此苦難之詩而已。凶慘之作。恆與俱起。而斯洛伐支奇爲尤。凡詩詞中。靡不可見身受楚毒之印象或其見聞。最者或根史實。如克壘勒度克 Kroe Duch 中所述俄帝伊凡四世以劍釘使者之足於地一節。蓋本諸古典者也。

波蘭詩人多寫獄中戍中刑罰之事。如密克威支作死人之祭第三卷中。幾畫繪己身所歷。使讀其契珂夫斯奇 Chikowshi 一章。或娑波盧夫斯奇 Sofolwski 之什。記見少年二十橇。送赴鮮卑事。不爲之生憤激者蓋鮮也。而讀上述二人吟咏。又往往聞報復之聲。如死人祭第三篇。有囚人所歌者。其一央珂夫斯奇曰。欲我爲信徒。必見耶蘇馬理。先懲行吾國土之俄帝而後可。俄帝若在。無能令我呼耶蘇之名。其二加羅珂夫斯奇曰。設吾當受謫放。勞役縲絏。得爲俄帝作工。夫何靳耶。吾在刑中。所當力作。自語曰。願此蒼鐵。有日爲帝成一斧也。吾若出獄。當迎韃靼女子。語之曰。爲帝生一巴棱。（殺保羅一世者）吾若遷居植民地。當爲其長。盡吾隴畝。爲帝植麻。以之成一蒼色巨索。織以銀絲。俾阿爾洛夫（殺彼得三世者）得之。可繯俄帝頸也。末爲康刺德歌曰。吾神已寂。歌在墳墓中矣。惟吾靈神。已嗅血腥。一噭而起。有如血蝠。Nampire 欲人血也。渴血渴血。復讎復讎。仇吾屠伯。天意如是。固報矣。即不如是。亦報爾。報復詩華。蓋萃於是。使神不之直。則彼且自報之耳。

如上所言報復之事。蓋皆隱藏。出於不意。其旨在凡窘於天人之民。得用諸術。極其父國。爲聖法也。故格闌蘇那雖背其夫而拒敵。義爲非謬。華連洛德亦然。苟拒異族之軍。雖用詐僞。不云非法。華連洛德僞附於敵。乃殲日耳曼軍。故土自由。而自亦殲悔而死。其意蓋爲一人苟有所圖。得當以報。則雖降敵。不爲罪愆。如阿勒普耶羅斯 Alpujaraas 一詩。益見其意。中敍摩亞之王阿勒曼若以城方大疫。且不得不以格剌那陀地降西班牙。因夜出。西班牙人方聚飮。忽白有人乞見。來者一阿剌伯人。進而呼曰。西班牙人。吾願奉汝明神。信汝先哲。爲汝奴僕。衆識之。蓋阿勒曼若也。西人長者抱之。爲脗禮。諸首領皆禮之。而阿勒曼若忽仆。攫其巾大悅呼曰。吾中疫矣。蓋以彼忍辱一行。而疫亦入西班牙之軍矣。斯洛伐支奇爲詩。亦時責奸人自行詐於國。而以詐術陷敵。則甚美之。如闌勃羅 Lambro 珂爾強 Kordjan 皆是。闌勃羅爲希臘人。事其人背教爲盜。俾得自由以仇突厥。性至凶酷。爲世所無。惟裴倫東方詩中能見之耳。珂爾強者。波闌人謀刺俄帝尼可拉一世者也。凡是二詩。其主旨所在。皆特報復而已矣。

上二士者。以絕望故。遂於凡可禍敵。靡不許可。如格羅蘇那之行詐。如華連洛德之僞降。如阿勒曼若之種疫。如珂爾強之謀刺。皆是也。而克剌旬斯奇之見。則與此反。此主力報。彼主愛化。顧其爲詩。莫不追懷絕澤。念祖國之憂患。波蘭人動於其詩。因有千八百三十年之舉。餘憶所及。而六十三年大變。亦因之起矣。即在今玆。而精神未亡。難亦未已也。

第　參　期

九

若匈加利當沈默蜷伏之頃。則興者有裴象飛 A. Petöfi。沽肉者子也。以千八百二十三年生吉思珂羅 Kis-körös。其區爲匈之低地。有廣漠之普斯多 Pusgta（此翻平原）道周之小旅以及村舍種種物色。感之至深。蓋普斯多之在匈。猶俄之有斯第孛 Steppe。（此翻平原）善能起詩人焉。父雖賈人。而殊有學。能解臘丁文。裴象飛十歲出學於科勒多。既而至阿瑣特治文法三年。然生有殘性。摯愛自繇。願爲俳優。天才又長於吟詠。此至舍勒美支入高等學校三月。其父聞裴象飛與優人伍。令止讀。遂徒步至菩特沛思德。入國民劇場爲雜役。後爲親故所得。留養之。乃始爲詩咏鄰女。時方十六齡。顧親屬謂其無成。僅能爲劇。遂任之去。裴象飛忽投軍爲兵。雖性惡壓制而愛自由。顧亦居軍中者十八月。以病癒罷。入巴波大學。時亦爲優。生涯極艱。譯英法小說自度。千八百四十四年。徒步至菩特沛思德。訪偉羅思摩諦 M. Vörösmarty。爲梓其詩。自是遂專力於文。不復爲優。爲其半生之轉點。名亦陡起。衆目爲匈加利之大詩人矣。次年春。其所愛之女死。因旅行北方自遣。及秋始歸。洎四十七年。乃訪詩人阿闌尼 J. Arany 於薩倫多。而阿闌尼傑作約爾提 Toedi 適竣。讀之歎賞。訂交焉。四十八年以始。裴象飛詩漸傾於政界。蓋知革命將興。不期而感。猶野禽之識地震也。是年三月。墺大利人革命報至沛思德。裴彖飛感之。作興矣摩迦人 Toepra magyas 一詩。次日誦以徇衆。至解末疊句云。誓將不復爲奴。則衆皆和。持至檢文之局。逐其吏而自印之。立竢其畢。各持之行。文之脫檢。實自此始。裴彖飛亦嘗自言曰。吾琴一音。吾筆一下。不爲利役也。居吾心者。愛有天神。使吾歌且吟。天神非他。即自由耳。顧所爲文章。時多過情。或與衆忤。嘗作致諸帝一詩。人多責之。裴彖飛自記曰。去三月十五數日而後。吾忽爲衆惡之人矣。褫奪花冠。獨研深谷之中。顧吾終幸不屈也。比國事漸急。詩人知戰爭死亡且近。極思赴之。自曰。天不生我於孤寂。將召赴戰場矣。吾今得聞角聲。召戰。吾魂幾欲驟前。不及待令矣。遂投國民軍 Honvéd 中。四十九年轉隸貝謨將軍麾下。貝謨者。波闌武人。千八百三十年之役。力戰俄人者也。時輒蘇士招之來。使當脫闌希勤伐尼亞 Transylvania 一面。甚愛裴彖飛。如家人父子然。裴彖飛三去其地。而不久即返。似或引之。是年七月三十一日舍俱思跋之戰。遂歿於軍。平日所謂為愛而歌。為國而死者。蓋至今日而踐矣。

裴彖飛幼時。嘗治裴彖暨修黎之詩。所作率縱言自由。誕放激烈。性情亦彷彿如二人。曾自言曰。吾心如反響之森林。受一呼聲。應以百響者也。又善體物色。著之詩歌。妙絕人世。自稱為無邊自然之野花。所箸長詩。有英雄約諾斯 Janos Vitoz 一篇。取材古傳。述其人悲歎畸迹。又小說一卷曰縊吏之繯 A. hohér Kötele。記以眷愛起爭。肇生孽障。提爾尼阿遂終陷安陀羅奇之子於法。安陀羅奇失愛絕歡。廬其子壠上。一日得提爾尼阿。將殺之。而從者止之曰。敢問死與生之憂患孰大。曰生哉。乃縱之去。終誘其孫令自經。而其為繩。即昔日繯安陀羅奇子之頸者也。觀其首引耶和華言意蓋云厥祖罪愆。亦可報諸其苗裔。受施必復。且不惜烈焉。至於詩人一生。亦至殊異。浪遊變易。殆無寧時。雖少逸豫者一時。而其靜亦非眞靜。殆猶大海漩洑中心之靜點而已。設有孤舟卷於旋風。當有一瞬間忽爾都寂。如風雲已息。水波不興。水色青如微笑。顧漩洑偏急。舟復入卷。乃至破沒矣。彼詩人之暫靜。蓋亦猶是焉耳。

上述諸人。其爲品性言行思惟。雖以種族有殊。外緣多別。因現種種狀。而實統於一宗。無不剛健不撓。抱誠守眞。不取媚於羣。以隨順舊俗。發爲雄聲。以起其國人之新生。而大其國於天下。求之華土。孰比之哉。夫中國之立亞州也。文明先進。四鄰莫之與倫。蹇視高步。因益爲特別之發達。及今日雖彫苓。而猶與西歐對立。此其幸也。顧使往昔以來。不事閉關。能與世界大勢相接。思想爲作。日趣於新。則今日方卓立宇內。無所媿遜於他邦。榮光儼然。可無蒼黃變革之事。又從可知爾。故一爲相度其位置。稽考其邂逅。則震旦爲國。得失滋不云微。得者以文化不影響於異邦。自具特異之光采。近雖不振。亦世希有。失者則以孤立自是。不遇校讎。終至墮落而之實利。爲時既久。精神淪亡。逮蒙新力一擊。即砉然冰泮。莫有起而與之爭。加以舊染既深。

輒以習慣之目光。觀察一切。凡所然否。謬解爲多。此所爲呼維新既二十年。而新聲迄不起於中國也。夫如是。則精神界之戰士貴矣。英當十八世紀時。社會尙僞。宗教安陋。其爲文章。亦摹故舊而事涂飾。不能聞眞之心聲。於是哲人洛克首出。力排政治宗教之積弊。唱思想言議之自由。轉輪之興。此其播種。而在文界。則有農人朋思生蘇格闌。舉全力以抗社會。宣衆生平等之音。不懼權威。不跽金帛。灑其熱血。注諸韻言。顧精神界之偉人。不遂爲人羣之驕子。轗軻流落。遂以夭亡。而裴倫修黎繼起。轉戰反抗。具如前陳。其力如巨濤。直薄舊社會之柱石。餘波流衍。入俄則起國民詩人普式庚。至波闌則作報復詩人密克威支。入匈加利則覺愛國詩人裴象飛。其他宗徒。不勝具道。顧裴倫修黎。雖蒙摩羅之諡。亦第人焉而已。凡其同人。不必曰摩羅宗。苟在人間。必有如是。此蓋聆熱誠之聲而頓覺者也。此蓋同懷熱誠而互契者也。故其平生。亦至神肖。大都執兵流血。如角劍之士。轉輾於衆之目前。使抱戰栗與愉快而觀其鏖撲。故無流血於衆之目前者。其羣禍矣。特有而衆不之視。或且進殺之。斯其爲羣。乃愈益禍而不可救也。

今索諸中國。爲精神界之戰士者安在。有作至誠之聲。致吾人於善美剛健者乎。有作溫煦之聲。援吾人出於荒寒者乎。家國荒矣。而賦最末哀歌。以訴天下貽後人之耶利米。且未之有也。非彼不生。即生而賊於衆。居其一或兼其二。則中國遂以蕭條。勞勞獨軀殼之事是圖。而精神日就於荒落。新潮來襲。遂以不支。衆皆曰維新。此即自白其歷來罪惡之聲也。猶云改悔焉爾。顧既維新矣。而希望亦與偕始。吾人所待則有介紹新文化之士人。特十餘年來。介紹無已。而究其所携將以來歸者。乃又舍治餅餌守囹圄之術而外。無他有也。則中國爾後。且永續其蕭條。而第二維新之聲。亦將再舉。蓋可準前事而無疑者矣。文家凱羅連珂作末光一書。有記老人敎童子讀書於鮮卑者。曰書中述櫻花黃鳥。而鮮卑沍寒。不有此也。翁則解之曰。此鳥即止於櫻木。引吭爲好音者耳。少年乃沈思。然夫。少年處蕭條之中。即不誠聞其好音。亦當得先覺之詮解。而先覺之聲。乃又不來破中國之蕭條也。然則吾人。其亦沈思而已夫。其亦惟沈思而已夫。

第參期

傳記

奮鬪的生活美國大統領羅斯福傳

述遷

陰雲四合歐雨横飛此莊嚴世界中忽現出一絕世英雄張其慧眼揮其敏腕左推右撻大呼曰奮鬭！奮鬭!! 膨脹其民族帝國主義於太平洋以東而其氣概之軒昂手段之猛烈且逼似視地球如彈丸黑子之怪傑伊何人伊何人非它也美國連任滿期行將被選之大統領而反對黨攻擊之曰壞我國制壞我國制冠其頭銜曰無冠皇帝羅斯福一世是

時則距今四十九年前實西紀八百五十八年十月二十七日。微雲蔽日。霜風怒號。而於北亞美利加合衆國 The united States 之紐約 New york 市頭。一市民家。

有一男兒揚呱呱之聲墜地。此即未來二十世紀開幕之活動人物。西臥特兒羅斯福 Theodore Rooselt 其人也。是年美國適釋奴之論愈激。南北合衆黨巳形決裂。其未來南北花旗之風雲。識者預知將動。而此非凡之英物。方於是時開其睡目以迎朝曦。天豈哀彼合衆國國父之艱於締造。特誕此英雄期其鞏固耶。抑睠彼新大陸殖民之囿於保守。特誕此英雄促其發展耶。嗚呼名世挺生。信有由來矣

『芝草無根。醴泉無源。』空拳赤手之英雄。得此二語生色多矣。氏家原市中舊民。自先世遷此。凡二百餘年。傳至氏父。歷八世。悉爲平和市民。無一聞人崛起其間。父性信篤。一熱心基督敎徒也。敎會中人稱之爲善良之指導而已。夫以如是之家而生如是之人物。殆天之玉成英雄。預留其奮鬬地也。嗟乎大風一曲。亭長還鄉。古今東西。草莽之英雄。豈待有所憑藉哉。氏年稍長。受社會普通敎育。學課外。喜營室外生活。崢嶸頭角。老成見之。無不驚爲神駿。殊不知此少年奇異之質。實自禀賦來也。彼血統中混有達棄斯馬棄夫列棄等之血液。氏生而受祖若父遺傳。遂別開一至純粹之亞米利加人面目。後嘗著書自序曰。

茫茫大地我美人欲託足於其間須抱有遠大沈毅端嚴之亞美利加主義之觀念就中政治上運動之一要點不外善於堅持嗚乎我國民嗚呼我同胞欲活動於世界非徒爲加以冠詞形容詞之亞美利加人而已質而言之我亞美加人不爲愛爾蘭亞美利加人不爲德意志亞美利加人更不爲土着亞美利加人直爲絕粹且單一之亞美利加人可也

零零數語。自命何如。而英雄見地。於此略見一斑。

千八百七十六年。氏以渴於嚮學。故知輭紅十丈之紐約不可以株守。遂飄然琴劍去其兒時竹馬之地。遊波斯敦。Boston 入哈巴爾 Harfard 大學。修法學。風窗電火。鐵筆生涯。閱五寒暑。卒業學校。授以法學士學位。尋又授 l l b 學位。神采不凡之羅斯福。至是嶄然露頭角於世。

雖然。此五年中。氏之少年修養時代也。實氏之少年奮鬬時代也。氏性急頭腦。凡有舉動。均非凡庸所能測。氏之負笈來此。原從事法學之研究。而於動物學一科。轉非常注意。入博物室。流覽往往經時不出。而搜羅精奇之動物標本。陳列室中。尤覺爲無上之快樂。至其讀書成癖。殆擧唯有之熱情貫注之。雖時極促。未嘗或廢也。有異兒託者。評其人曰。『羅斯殆病讀書之渴』非過語也。方氏之入學也。文章丰采冠絕一時。而氏雅不欲以文壇飛將。壓倒儕輩。馳馬試劍外。更爲遊戲。偶入運動場。倔强如艱比阿者。畏爲敵手。退避三舍。雖然。氏終以病短視故。不能施展其技。常避而立於防禦之地。專示攻擊之態。以待奮進健鬭。此爲氏咄嗟之間制勝之要訣。而攖其鋒者。立敗。至後之敗者。且相戒曰。『予輩不能碎其眼鏡。終不勝之。』吁。亦勇矣。

鷙鳥將擊。先修羽翮。古今之成大功建大業者。養之有素。無論矣。至於其所以養之以待者時也。勢也。此深居簡默。優游卒歲之羅斯福。挾其不鳴則已。一鳴驚人之槪。待之待之。今且至於無可待者。勢不得不易其學校中奮鬭之時代。而爲社會中奮鬭之時代。千八百八十一年。適紐約州開州會。氏被選爲議員。乃奮其運動手段。一再當選。終且爲紐約政治上特別調査委員。嗚乎。此特氏之牛刀小試耳。猶未展其驥才也。至千八百八十四年。共和黨開全國大會。氏一躍占州會代表員之席。更以大多數票選。爲自紐約赴大會之特殊議員。磨劍十年。霜刃初試。意者從此自由國議事堂中獲常親氏之言論丰采矣然而天下事不如意者什常八九此龍跳處躍之羅斯福未幾竟以罷閑聞自是以往氏從事牛羊牧畜之業一鞭殘照送生涯於荒凉草地之牧笛聲中忽忽逾二年於是氏奮鬬之一停

加里波的 Gaibaldi 之躬耕耶克林威爾 Cromwell 之牧畜耶英雄閑殺感慨奚如彼羅斯福者日與牧猪奴伍渡頭落日牛羊親人爲數華年能無鬱鬱然而造物生才良非易易彼蒼蒼者忍令此幼稚美利堅未來之保傳投閑終耶千八百八十六年共和黨大會氏獲舉爲紐約市候補市長此其復入活動社會之時代也越三年爲千八百八十九年三月受大統領哈利孫 Heairison 命令來都府指任爲合衆國內務文官委員而羅斯福之名始聞於華盛頓 Washington 政界

奮鬬復奮鬬氏之聲望五年如一日千八百九十五年奉政府命受任爲紐約警視總監而氏以在市長某指揮之下屏其職不屑居辭之自是氏復蹉跎歲月展緩其奮鬬之期將及二年適麥金尼 Mc Kinley 任大統領聞其名於千八百九十七年四月指任爲海軍次官氏乃如蛟龍得水躍入華盛頓汪洋政海中鼓其浪而揚其

波矣。孰意西美之風雲。陡起於大空中。驚天動地之活劇。將揭幕而出。氏遂慨然辭職。募義勇兵一隊。任騎兵中佐。拔劍叱咤。如出山乳虎。長嘯生風以去。

先是西印度諸島中。西班牙 Spain 有一領地。曰古巴 Caba 人民憔悴呻吟於本國政府壓制之下。凡政治上宗教上與本國人民不得享同等權利。痛極而憤。憤極而抗。十二年間。屢起屢仆。終以力不能敵而屈。千八百九十七年。西政府遣將軍布蘭課 Blanco 爲總督。虐待更甚。美大統麥金尼哀之。以改良苛政之言。忠告西政府。西政府拒之。轉遷怒於美。千八百九十八年。於哈巴拿 Havana 港內轟沉美軍艦。死者二百五十餘人。一時美國民心大憤。於四月十九日。衆議院宣言古巴獨立。斥西兵自該島退去。不應。至二十日。布告宣戰。兩國遂以戎衣相見。

是役也。前後閱九十六日。美軍連戰連捷。至最後之沙隄哥 Sartiago 一戰。西班牙艦隊覆役。提督塞爾威 Cervera 以下。千三百餘人被虜。而氏於此役中。督率部衆。轉戰各處。往來槍林彈雨之中。所向披靡。以奇勇聞。敘功遷聯隊大佐。迄今讀其戰記。猶想見雄風凜凜。露立十三州軍旗之下。拔劍麾美利堅健兒。奮進破敵血濺征衣之概。既而和約成。西政府棄古巴統治權。割波德黎各 Puerte Rico 全島。及西印度諸島中領地外。關於斐律賓 Philippine 條約讓步。於是美人占領馬尼剌 Manila 港市。尋自巴黎 Paris 條約。美國得認古巴爲保護國。獲償欵五百萬磅。此十萬貔貅。下令歸國。而歡迎！歡迎!! 之聲。遍轟於國中矣。

『屠罷長鯨波尙赤。戰歸驕馬血猶紅。』此我東人紀戰勝之詩也。美利如許之勇士凱歌社裏。興采如何。而此風骨棱棱之偏將。但見其短刀匹馬。攬轡雍容。雖帽影巾風。飄揚道左。而一若無聲無色無相者。非不自伐其功。殆有他意在焉。意何在。即氏之鐵血奮鬬之時代告終。而平和奮鬬之時代開始矣。戰袍甫解。氏即以本聯隊點檢職。指爲共和黨候補員。及冬十一月。選爲本黨黨員。逾二年。即千九百年。復以資格被選。進爲合衆國副大統領。而氏之距舞臺近矣。明年秋。大統領麥金尼氏臨波發魯 Buffalo 博覽會。受國民歡迎。無政府黨員。乘間一擊。中之。全國哀悼。中共和黨竟以二百五十萬選擧票。擁氏入華盛頓大統領公署。據麥金尼舊座而代表七千餘萬國民。

美利堅者。西方自由之國也。以不得自由之故。至犧牲無量頸血。以購自由。千八百二十二年。門羅主義一倡。數十年間相襲行之。門羅主義者何。消極的平和主義也。倡之爲佳米斯門羅 Tameo Monroe 其人。因以名之。其言曰。

此後南北亞美利加兩大陸。無論歐州何國。不得認爲殖民地。使各國輕用兵力干涉。即爲害我合衆國之平和及安寧。我合衆國不得不起而力抗之。

雖然。此保守之主義也。非進取之主義也。千八百八十五年。大統領庫利威爾 Cleveland 就職。內審國情。外察大勢。知世界主義之潮流中。此消極的防禦的平和的門羅主義。不足以競爭。方針一變。竟易爲積極的攻擊武裝的門羅主義。而合衆國之帝國主義。於此胎孕。麥金尼繼之。肆其武力。一戰隸古巴。（當時古巴名義上雖爲共和國、實際在美國監督保護之下、客歲、因國內雖起黨爭、美籍鎮內亂爲名、遂其統領而易以總督）再戰略斐律賓。三戰併夏威夷 Hawaii 羣島。而合衆國之帝國主義。從此發展。氏亦野心家也。襲兩雄餘威。步兩雄後塵。政策依然。而手段過之。主權一握。首先企圖國力之膨脹。擴張海陸軍。不遺餘力。次則開通巴拿馬 Panama 海峽。餌之以利。懾之以威。使戰時太平洋艦隊。得移人大西洋。大西洋艦隊。得轉入太平洋。而世界之商業界。且因之生大變動。此猶言其經營政策之一斑也。至觀其對於外交界。運其神出鬼沒之手段。幾有東雲露鱗。西雲露爪之概。日俄之役。最後之對馬峽大劇戰後。氏以中立友國資格。雍雍折衝於兩國樽俎間。迄和約成。兩國俱以忠告之良友相謝。亦偉矣。自禁止華工之論。愈激美人之惡感情。近且移於日人。於桑港 San francissco 至有學童問題發生。兩國民情洶洶。勢將決裂。而氏以談笑解之。約定致日本南來之勞動工人。不得入湯池一步。使東方外交家之青木氏。大呼失敗。而氏之辣腕可知。而氏之雄心可見。而合衆國之帝國主義。更澎澎湃湃。隨太平洋潮流。捲入亞細亞洲大陸。

國威揚矣。國勢展矣。而其未來之運命。方如東海初昇之日。長安怒放之花。噫。至是而氏之奮鬬。其亦可以已乎。曰未也。彼方以一己奮鬬者。勵國人奮鬬之。蓋非此不足以競存也。氏於當國前二歲。遊西加哥 Chicago 於某俱樂部。嘗爲文以述其意。題曰奮鬬的生活。其畧曰。

無苦無樂蠢動於黑暗界裏與無爲之生物伍寧至失敗而不悔者是豈所謂

幸福也耶曩者南北戰爭之起持聯合主義者平以和爲唯一之目的而斥戰爭爲罪惡意非不善也無如集無量之愚且懦者爲一團體萬不能終保平和即倖獲平和不特我合衆國之聯合永不可期而我合衆國之分離且長此終古矣幸吾輩祖若父以斬釘截鐵之識力運奇謀於林肯 Lincoln 之帷中出死力於顧蘭 Grant 之部下一戰再戰使愚且懦者淘汰而盡釋奴隸以自由徐復我十三洲之聯合力莊麗之亞美利加合衆國仍如花冠之女王現於世界伊誰之力此不得不謳歌我乃祖乃父斥可恥之平和歷苦難——悲痛——損失轉戰于數年間而得之也雖然往事已矣來日方長吾人最注意者愼勿蹈支那既往之覆轍逸居域內而無遠大之目的致陷於老朽之衰運彼世之方以支那逸居爲崇高生活者抑知其結果困苦與危難相伴而來耶嗚乎我國民思之思之二十世紀之新幕將開我國家介於列强之間舍奮鬬外殆無以爲生活也勉之哉我七千萬國民其我躍取劍與盾以進使世界不至冠我以西半球支那帝國之名則幸甚

慷慨激昂語語快壯其刺激國民腦中若癢若痛當色然而喜悚然而憂嗚呼。美利堅之得至今日且至今日而將來不止於今日者謂非氏之手造耶古人寓語云有二兎焉。得雄而王。得雌而霸究不若吾之所謂美利堅得羅斯福而飛於世界之明且著也雖然。已矣。氏當國迄今歷八歲。瓜代有期。縱共和黨百方運動。其如格於國制何。顧或者謂聞氏滿任後。將遊歷世界。以雲鶴之身。送其悠悠之歲月。信如是也。氏之奮鬬已矣。然氏之奮鬬雖已。而少年猛進美利堅之奮鬬。終未已也。西方有美人。一羅斯福奮鬬而止。什伯羅斯福且奮鬬而起。可斷言也。雖然吾傳羅斯福者也。吾傳羅斯福至此。以觀其後可也。

述遷曰。吾述羅斯福傳。吾痛吾懼吾恨吾且廢然長嘆默然深思吾非猶是圓其顱方其趾耶何以彼族起而凌我我非猶是居有國守有民耶何以彼族起而侵我既而翻然悟霍然醒物腐蟲生我不有可凌之道人誰敢凌我我非處可侵之地人誰敢侵我羅斯福雖偉亦人耳非有我仲尼之聖墨翟之賢也美利堅雖強一後進國耳非有我數千年之歷史與文物也彼族之足凌我侵我者曰民氣民氣我族之可淩可侵者亦曰民氣民氣人有恒言曰發憤爲雄天下詎有不憤如吾族者而能雄耶羅斯福之顯其爲羅斯福者非羅斯福之自顯也必有千百萬無名之羅斯福援其後而一有名之羅斯福始顯於前羅斯福者特美利堅之小影耳美利堅者乃羅斯福之化身也雖然羅斯福已矣而美利堅無量之羅斯福且相繼而起而世界各國無量之羅斯福且相逼而來嗚呼我衰朽惜殘年之老大帝國其何以堪耶諺云「盲人騎瞎馬夜半臨深池」其我今日中國之現象也側身西望天地爲愁哀我蒸民其何以慰汝

譯述

歐米列國之現狀與民治

象先

環海大通。交涉彌夥。國際間休戚所關。至深極密。而影響及于吾國者尤鉅。然審敵自鏡之塗。在乎周知四國之情狀。不揣固陋。譯爲此篇。其亦研究時局者之一助歟。

一　獨意志

獨逸帝國之勃興。洵在乎人力。迹其所以致今日之光煇燦爛。實以國民自力爲之基。非天惠也。蓋普魯士自爲拿破侖侵掠以來。國步艱難。如阪九折。命脈之危殆。如朝露。時皇后魯易婆者。輔相國王稱賢內助。退居于北方克尼思貝之舊都。嘗招致大哲康德于書齋。以密建中興之策。積以歲月。國家漸呈勃起之觀。遂突起而制機先。率普魯士精銳之師。逐奧大利于聯邦之外。于此之時。己隱露雄長獨逸聯邦之頭角矣乃不曾轉瞬即與强鄰之佛共決雌雄以張大略師丹之役既雪積歲之仇老帝威廉遂乘捷以進陷巴黎而建大纛于白爾修之宮殿尋爲獨逸聯邦統一之宣言而即帝位于凱歌之裏己將得被鹵女神之像而後布郎丹堡之宮門矣然獨逸上下狃于戰捷之餘威民間投機之業流行最盛馴至全國經濟大受恐慌雖少被創痍然極力挽回不久而復內力既裕遂進而爲領土之拓張意氣勃然不可抑遏成日耳曼統一之大業揚獨意志帝國之光輝宿望所蘄殆已達也

然英佛二國既着開拓領土之先鞭遺地無多染指誠非易易蓋非洲植民之地英已領有十餘法亦占得其七獨對于此固有啜泣無及之嗟然慘憺經營一躍而略得廣疆四所其手腕之敏活良足驚也迹其着手于亞弗利加之經營實在于千八百九十年以降迄于今日僅十餘年時關于南阿藏基巴爾之紛爭獨逸始獲勝利今計其威力所及之地面積實達九十四萬方哩之多蓰于母國爾後更轉其鋒于東亞一舉而占領膠州今其勢力之牢已難搖奪觀其最終之目的尤在乎大擴工商實近代萬國實業史上大可刮目之一事件也

且其實業擴張不限于本國之領土必伸其力于他國植民地而汲汲扶植之殆欲大拓商權橫飛四海不問其地域之屬于何國何人耳彼既侵入佛領之亞爾截兒。復進入隸屬土耳其之小亞細亞以爲鐵道布設之謀。他如英領之南非其實際之事業與當源。雖多在外人之手。然就中利權之被握于獨逸者爲尤多。現如香港獨逸之商團。亦殊有力。彼等且欲擴張航海線于西比利亞。今其貿易協會之創立于漢堡者亦既有年雖然此胥無足異者觀其于亞美利加實力之發展乃更足使吾人瞠目而驚耳

蓋數十年來獨人之移住于合衆國者無慮數百萬如紐約、芝加哥、之大都。獨人悉不下數十萬。彼猶以爲未足後進而爲南美之經營殆欲建商業之地盤作移民之根據近柯枯本著書論其狀況曰、獨人于外國率以商業爲先驅而其移住之速殆與支那國民相似蓋兩國之民均儉約而勤勉者也其耐于艱辛爲適應之生活而不厭初則以小自甘寖假積爲昌大關于此點二國亦同其具有此移住之良資殆禀于天者獨異也要之獨逸之政策乃依于實利而唾棄虛名依于經濟之充張而

不藉夫軍人之占領其目的所存在使彼之移民充塞于環輿而建一實業之帝國觀其投入于布拉幾爾之資本已達十數億萬之多他可推例而知也近來彼之外國貿易具有長足之進步十年以前其總額不過三十六億萬至于今日約上六十一萬圓之多其人口之增加比之三十五年前帝國創建之當時實增二十餘萬現膨脹于海外者總數不下三千萬其投資于外國者亦與日俱增總額共達四十五六億萬語其程度之速寧可不驚嘆歟

獨逸國民膨脹之可驚既如上述然其對于商工業者散處之地復從事于海軍力之擴張而爲相當之保護如極東貿易胥歸于東洋艦隊保護之範圍至乎近來益形活潑溯距今十餘年前獨船之通過蘇彜士運河者僅三百二十隻及千九百年其數凡四百六十二隻又中日戰役以前獨船之出入東洋諸港者不過二十五萬噸今乃增至六十萬噸比之英倫雖爲不及然其進步之速已足凌駕佛蘭西之上矣邇者獨之海軍省張皇其海運事業之盛大謂逐年進步之速甲于歐土誠非誇也今冀于支那獲得最上之特權以展其野心于東亞實爲吾人所宜注目者耳

雖然。獨逸鑑于宇內之大勢經營既力進步亦章然究其原因實由于商工業助長機關之完備而地方之努力于實業教育之振興其功殆極不可沒也就中于小學教育之上更加補習教育一科。爲義務教育之制即其進步之最著者。至于近年。於都市聯鄉會議之時。亦競採補習教育之强制主義政府對于此種方針。太加獎勵。故風行草偃。勢所必然。數載以前。于多爾託蒙會議時。馬格德堡市之學務委員語其實驗曰。「我市之補習教育自採義務主義以來生徒之增倍于前此蓋教育之關係于青年極爲重要使當其智識萠芽之際不加以保持修養往往陷于惡化浸于汙流將終其身而漫無所立充其弊害蠹國致羣其責任則不得不歸于父兄與市邑也蓋欲養成普通自立之國民其基端存乎小學丁年已屆即可自營蓋緣于實力之養成有素則自營之事業多端于國家經濟問題所關匪尠不可不廓大其規模也」夫「青年子弟當血氣方盛身心發育之期訓育預特爲注意墮落上達樞紐斯時而欲導之爲自立之國民即不可求諸補習教育之外」此投身補習教育之篤志家阿士加兒之論也。

今進而察其地方之狀況以蕞爾之索遜王國其商業學校之數凡六十有餘然猶以爲未足一日國王當舉行降誕式之秋爲獎勵商業教育特定貸費生之制且林立夜校以育青年晝則使之勤動于社會與工場夜則教之研究實務與學理復有兒童玩具製造之改良協會務期適于智育注重衛生即此玩具一宗每歲由索遜輸出他國者其總額已達三百萬圓也下至婢女僕僕製麪造靴印刷製本鍛工車工泥匠掃除之屬莫不各有學校以研究而訓諫之蓋天下之事作始也簡將畢也鉅繁米成山滴流滙海雖人生日用之微殆爲理社會國家者所萬不可忽者獨人應于實力之發展必先從事于人材之養成自稱爲「國民造成力」經營既屬偉大計畫亦復周詳殊爲歐陸列邦所望塵弗及者也佛人布隆德爾觀于獨逸實業教育之盛歸而警其同胞曰「今寰區之海洋灣港罔不開爲競爭決戰之場此實大地國民于經濟界遙舉奮飛之候也返觀吾法乃僅以文學技術之地位自安昧厥由來忽于大計見媢于人遂爾自足無敢突步競爭之塲與强隣方逵並轡搏取實利以補國家者今已陷于悲運乃猶不知亟建教育以挽頹風寧不可太息痛恨耶

夫今日之國民匪僅義勇奉公能犧牲身命以報國家即以爲能完厥職實在乎能傾注其愛國精神以努力于國家經濟之發展也乃吾佛人行爲反是殆知死而不知生者歟」此其爲說固發于愛國之情然亦適中肯綮之論若彼英人素爲尊崇實際。富于常識具備商工業適當之天資亦且推重獨人不措。況其下焉者乎。夫英人之性格。過于自重。其失在乏敏達之材獨人返是學習殷懃故汎習外國語言而熟討各國之情狀務投外人之嗜好而擴張其銷販國產之途自西班牙葡萄牙以及支那日本西藏高麗之言語。率先英人而研究之汲汲不休。近者路易士論世界商業之三大競爭者。（指英米獨三國）述獨人之特長而歸其功于教育之謂其商業發達之近因在于外國語之練習當外國情勢之調某。以此之故雖值若何之慌恐其于商品上亦有最妙之處置而不至爲所動搖殆所謂如此知彼百不失一者也。

次于實業教育而于商工經濟助長機關之尤致力者則海港之改良是也論都市之海港事業。世界中國不羣推漢堡。漢堡自沒自由港之制以來。對于船舶出入于一定之定繫場者。其搭載貨物。特免關稅。曩于築港之際。曾投市費數億萬圓。且基于最近之攷案。而設至便之起重機。蓋其欲握世界之商權也久矣。溯五十年前。外國船舶每年出入于漢堡者。不過三四千艘。至千九百三年。乃達二萬八千艘。較之日本神戶之繁榮。實超過九倍以上也。故該港之名。今僅亞于倫敦紐約。別以一市爲一國。所謂獨立自由市府者也。當該港有密切關係之公民會。亦有甚重之權。其執行機關。比之市參市會。殆無遜色。彼元老院議員之中。泰半以修習法律明通財政者充其選。而漢堡之商人組合。亦得占額一員。實以該市爲獨逸商業上最重要之分子。以定施政之方針。故其設備完良。務使置之歐米港市中而無遜色。由是以覘彼欲促進其經濟界勃起之精神。其厓略蓋亦足見也。

至其地方民政之事。尤可爲特書者。即慎撰當局之有司。而注重學識當熟鍊是也。其于文官制度。中央當地方。無論胥欵。爲當局得其人。而採用最嚴之試驗。如舉地方高等之官。必以熟達于民政之實務爲原則。當日本試驗制度。既達其趣。即當英米二國。亦屬不同。乃取專門教育主義。爲其根據者也。自中央以及下吏胥。本此主義而貫通之秩序釐然有條不紊得材如此故國家與社會之治績舉措綽有裕餘。實其特長之不可及者也。即其地方公選之吏亦必愼選賢材。若夫都市之中其事業固屬多端則公務極爲煩量于市長參事須求老練之人材。英之市長多推有名望之人。或門第甚高之士。獨逸則僅相其任事之能力不復問其貲財及門第如何也。如他都之市長其有令聞長譽者可次第超遷。依攷成蹟而爲任以終身之制。下至地方村邑之長。亦莫不然。是以一經選舉咸能負擔責任鞠躬盡職終世不渝。故凡百事端克收功績謂非當局得人之賜耶

他如其都之參事會員於歐洲亦屬特例。其尊重專門技藝及採用長期任事之制。與選舉有司亦同。有且俸給如伯林之市參事會。以定員三十四人組織之。其半數爲有給之制。餘則爲名譽職員也。然名譽職之參事。須爲一市之物望所歸。而受最高之敬禮者。乃克充其選。殆與英國市制之長老同揆。然其智識經綸方諸有給職員亦無多讓也。伯林而外。則名譽職較有給職爲多。如杜列斯敦市之定員三十二人。名譽職則居其十八。來普歧之定員二十七人。有給員僅居十二。其他小市。亦以

名譽職爲多。然必爲有爲練達之人。于社會占最高之地位者。始得充之。近日如實業家商業家之欲得此位置而甘心者。殆不少也。且充此職者。尤多大學教授。如伯林市會。極少亦推大學教授三名。其他凡大學所在之都。咸推此例。于對于市邑有功者。尤優禮有加。而創爲名譽公民及市元老之制。市元老者。乃對于市參事會員。有九年以上之勤績者。而後錫以此稱。名譽公民。必其爲一國之元勳或碩學高名之士。恰得公推。如俾士麥毛奇二公之于伯林。皆曾享有此尊號者也。

要之。獨逸自依于斯丹賢相主倡實施市制以來。地方民心勃然與起。尋至郡州邑制。着着進行。地方行政之綱。粲然大備。斯丹嘗言曰。地方行政之設。所以振起國人刷新民志。在昔普人萎靡媮安。耽于物欲。雖偶勞心力。亦不過研求空理。無益民生。自治之制。乃所以掃此積習。而發揮人民之實力。使之盡力于公家者也。斯丹此語。實爲振起普國民政之原因。後之論者。以自治之化身錫斯丹。殆非過也。至夫今日地方民政。益奏全功。洵可取法者也。雖然。猶未已也。曷進而觀其民氣與風教之精神乎。

英之杜孫。嘗著日耳曼及日耳曼人。以述獨逸之風教。開宗明義。題爲愛國。謂日耳曼人愛國之光明實出于其腹底。蓋此種思想之養成大賴詩人之力。至其終篇。特誌其見聞一則。以實前語。謂千八百七十年。普佛間始開戰釁。普國動員令下。召集鄕兵。農夫即投耒荷戈。戎裝以臨伯林城下。思蒲雷河。艫船如蟻。于時勇士神思壯盛。扣舷以歌豪思所作之軍歌。其意曰。「天蒼蒼笳鼓響奮袂從戎慨以慷男兒戰死沙場上」當時勇敢赴敵之情可想見也。蓋德之詩人能以偉大如椽之筆。興起國民之志氣者固不乏人。然其最著者者固莫若愛倫德。愛倫德者。德之政治家而又詩伯也。雖一時爲拿破侖所抑留。然卒爲維廉四世登用。後爲波恩大學教授。常發爲高健之文詞。以鼓舞獨逸統一之思想。彼所著「獨逸自由之戰聲」尤爲絕唱。其意曰。「天錫獨逸以黑鐵勇士將之鑄劍戟劍兮戟兮光何寒來日多艱兮國步難吁嗟勇士兮鏡此光誓塗肝腦耀沙場」誦此詩篇。神思振厲。杜孫激賞此作。推爲國愛歌中最逸之篇。誠匪無故。而于當時一般民氣之奮興。實與以多大之感化也。如上所陳。乃關于風教上精神之鼓厲。至于形式上之設備。而能振作國民之氣概者。其用意亦頗周詳。如戰捷街及戰捷館是也。戰捷街者。乃以普佛戰爭大勝之紀念碑爲基點。貫通伯林公園之一大坦道也。于此大道之傍。綠蔭森爽之下。建立普魯士建國以來之王像。風威凜厲。眉色欲生。胥係雕刻大家。徵據國王之事功。刻意經營之作。更于列王治世。選其功臣碩學二人。雕塑半身。立于王後。皆所以崇拜先人啓迪後昆之旨也。戰捷館者。乃搜羅關于普法戰爭之戰利品。與夫當時奮戰將士之肖像。列陳遺物。以供民衆之觀覽者。且揭各種圖畫。寫威廉老帝。立馬陣前指揮戰鬬。並佛帝揭示白旗乞降之概。凡圖中自國王將相以至下卒。胥一一記其名氏。俾國人俯仰其間。即不勝追慕流連之感。其畫壁之下。復置斯丹之像。與俾士麥相並。意殆謂戰勝之光榮。其功績實基于內治也。

至于教育娛樂之方針。亦莫不與風教有密切相關之點。故其于小學教育及細民娛樂諸端。亦爲其最所注意者。且欲匡正勞働者之風紀。而促進其藝術之改良。設立協會凡二千餘。如貸書協會。俾小民以廉値而得貸讀有益之良書。即其一也。又有圖書夜館。以任觀覽之自由。音樂堂以供社交之娛樂。學校園以啓天然之美感。

公遊園以保身體之健康咸于風教人心大有裨益者也近則于演劇與風教之關係倡道最熾而以設立國民劇場爲必要蓋泰西各國認戲劇爲文學發達及民風涵養之最要機關故注全力以改進之國民劇場之唱道係基于希列納劇場管理長飛而德博士之言博士常欲寓教育之意于娛樂之中意以爲欲使一般之士民感奮于先人之歷史而感發其詩文之美情固無如利用暇日使之觀劇聞樂淪其情感然蚩蚩之庶每以資財不足餘晷無多此種娛樂殆未曾映其眼簾擊其耳鼓終身逐逐寧不可哀此國民劇場之設實爲必要近英人鑑于德之趨勢亦多唱戲劇之改良其貢獻于國民者亦爲不尠然使非國民經濟發達最高亦烏能舉之歟

此節已完

第參期

文苑

讀河南雜誌感懷

佛音

莘野無人賈生死剩有國魂呼不起歐雲美霧捲地來嵩洛王氣戞然止黃河滾滾下崐崙軒羲曾此殖子孫天潢派出眞驕貴玉葉金枝誰比倫神武洸洸熾蚩尤遺孽三危暫嚅休從此千載無撻伐士食舊德農先疇五霸事業殊草草內鬨功多外攘少夷狄有君諸夏亡聲淚枯竭尼山老秦皇漢武果英雄旄頭星耀大漠空藁街竿梟單于首燕然石勒天漢功再傳魏晉胡禍亟錦繡河山變荆棘衣冠左衽文字毀黃祖掩面蒼聖泣大雅不作小雅淪上帝板板白日昏華拿佳兒寧有種不信神洲竟無人奈何洸洸睡千載手足疲癈氣萎腇屢聞朝議棄珠崖未見將軍稱橫海祇今愈覺風色惡外人磨刀聲霍霍大夫但知論鹽鐵學士空能談河洛波蘭猶印已飄零夕景西照蕪城青漁陽鼙鼓哀且厲譆譆詘詘難爲聽百年爲戎歎伊川奴

隸劵上名早鐫四萬萬人齊俯首空山啼血祗杜鵑吁嗟呼春陵佳氣鬱葬葬方今中原誰是主我過邾鄗問九鼎九鼎垂泣不能語

河南雜誌祝辭四章

佛音

河水瀰瀰兮繞我皇甸東都巘兮鄴巑巑白水眞人忽龍見千萬同胞齊伏劍風雷搏激玄黃戰五步之內血飛濺競立爭存帝汝眷獨立旗飄呼懽忭費城鐘聲今夜喚

河水湯湯兮河流黃不照人面兮照人肝腸十萬貔貅救趙亡信陵義俠不可當如此精神今不偃葵竹菁菁凌嚴霜祝吾民氣熾且昌

水渙渙兮洧與溱芀可贈兮蘭可紉士女愛情摯且眞吾愛河南兮如愛美人明珠翠璫珮繽紛持此惠汝及芳春薄言一愬懼生瞋一掬熱淚下潾潾昔同此慨楚靈均

一卷民約剛著就滔天洪水漫宇宙君主專制古所詬燎原一煬不可救黃金時代鐵血鏤嗟吾同胞陽九遘猛起著鞭勿落後愛吾河南兮買絲繡

信陵君詞二首　臥龍

秋風蕭瑟大梁城。吹斷信陵刁斗聲。部邑少年存魏國。夷門老父却秦兵。世途緩急憑忠義。烈士悽涼共死生。仗劍欲從南面望。桂林烽燧允時平。

門館遺風雖已矣。排秦偉業尙高標。關中戍馬黃沙障。鄴下旌旗白日招。金鼓摐揚五國憤。羽書馳召兩河驕。愴然頓感分爭局。聞道東兵夜渡遼

大梁懷古

策馬彝山意不平。萬方烽火使人驚。大河南北鐘王氣。中嶽烟雲擁帝城。夜雨銅駝悲泣淚。秋風石馬帶愁聲。可憐建業巡江後。鼓角時聞塞外兵

經朱仙鎭

將軍力蓋霍嫖姚。立馬朱仙魂暗銷。一詔勤王投袂起。兩河召募義旗招。中原父老傷塗炭。南渡江山破寂寥。仰視烏啼城上月。悲聲猶解憤胡驕

鄭州河決歌

曩曾作鄭州河決歌今讀貴報論著之四言及光緒十三年河由鄭州決口村莊被害者以千百計是時被河難有逃至吾蜀者因函錄之以見當日河難時情形

河源湧出崑崙高。爲害千古中國勞。河使忽報金堤決。茫茫只見鄭州濤。城郭人民悵已矣。存者痛哭行且止。不識翁孃今何如。不識妻子生與死。馬上聞哭下馬行。哭者告我暗吞聲。郭外之田百畝。闢牆下之桑百株榮。神哉河伯何其苛。浩浩洋洋殫爲河。殫爲河。勢不已。歌奈何兮悲瓠子。吁嗟乎白馬美玉漢皇湛。河伯不許皇悼心。繕完增倍最下策。賈讓奏言徹古今。今日水橫逆。河隄使者責。壯者散四方。流離傷屯厄。老者轉溝壑。髑髏無窀穸。語聲旣絕哭聲興。日黃風淅動人魄。吁嗟乎成皋西。魚弗鬱兮蛟龍飛。饑無田兮何以食。寒無桑何以衣

暗殺之効力

自葡萄牙王被刺後。葡國一切政治大加改良。由此可見暗殺之效力矣。

立憲國畢竟可危

英皇本擬携皇后至西歐各國游覽。因聞葡萄牙王爲民黨刺殺。異常震怖。現已決計暫緩出游矣。

妙哉官場

官場見我豫人對于鐵路集股一事過於踴躍。而官股無着。恐將來官界不佔勢力。因擬于鹽斤加價中籌集二十萬作爲官股。官鹽每斤加抽四文。**噫鹽爲日用必需之物。且爲生理上所萬不能缺少之資料。英人**

滅印度也欲滅其種。故於食鹽之稅特重。今官場欲謀私利。而又不肯出一文之本金。且坐食其利。而使我全省同胞男女老少日罹其苦。竟以英人滅人種族之策。以待吾民。不知我豫人果拂之也。抑聽之也。

孟縣學紳兩界之熱心

孟縣向來只有官立高等小學一所。腐敗殊甚。現在該縣學紳兩界中人。組織公立兩等小學。已有端緒。不久則可開辦矣。

清政府其奈孫文何

孫文於去年臘月赴星加波。辦理黨務。清政府星加波領事查得即電告外務部。刻外部已屢向英使交涉。求無留孫文在境。英使置之不理。清政府無可如何。現又電令駐英清使李氏與英政府直接交涉。聞英政府答以 孫文係國事犯。(凡革命黨皆為國事犯)我英政府亦無權利令之出境云

草木皆兵

法部民政部因査得有革命黨首領孫文黨羽。啓元聯與文炳三人。匿跡上海。是以密電上海縣査拿。經上海縣李令密訪。並無啓元聯與文炳三人。已電覆民法二部。民法二部接電。仍令上海縣密訪。淸政府之怕革命黨。直草木盡兵矣。

袁士凱重抑報館

民法二部已將報律擬定。袁士凱嫌律法太寬。處分過輕。故現將罰金及監禁年限。均較原議增加三倍。案報律爲憲政編纂館所擬。袁得以箇人之意見破壞之。內地二三無知青年。尙望現今政府立憲。噫可謂愚矣。

革命黨首領孫文將到長江

江督端方探聞孫文密遣部下。搬運軍火分佈長江。已飭各關道一體嚴密防範並聞孫文將由星加波乘機北上。端方異常震懼。或者革命黨首領孫文與兩江總督端方不久將有一番大激戰歟。

革命黨大隊盤踞十萬山

桂撫張鳴岐奏上思廳邊界之十萬山。革命黨盤踞其中。其地與越境毘連。此逃彼竄。難於追捕。現在與法國領事商議擯出。並將兵隊（民賊）扼要駐紮。張鳴岐眞可謂顏之厚矣。已不知革命黨爲何物。靦然與法領事交涉。何不思以子之政府與法政府交涉。法政府尚不能擯出革命黨。曾以子一介督撫之力與法領事交涉。法領事獨能擯出革命黨耶。腦筋簡單。不能悟此。而欲與精神活潑手腕敏捷之革命黨爲難。勸公早休。保此殘年。否則徐錫麟且又至矣。

河南林撫臺頗知大體

河南探訪隊誣義昌慶洋貨店爲革命黨。係由巡警管帶董倅顧主持。後周控白撫院。河南商界亦大起公憤。林撫查悉實係探訪隊妄爲誣揑。立將董賊褫革歸案訊問。董得信。恐將反坐。現已逃匿。此次董賊如不嚴辦。將來我河南人必盡爲探訪隊所塗炭。而河南人永無安身之日。未知林撫如何解決此案。

清政府可笑

清政府不知法律爲何物。更不知文明爲何物。以爲世界各國皆如清政府之野蠻。一年前革命黨曾在東京組織民報。及清政府查知。頻與日本政府交涉。日本政府以該報無妨日本治安。始終拒絕之。去年留法學生又在巴里組織新世紀。倡言革命。清政府查知。又向法國政府交涉。請其禁止出版。日前法政府已照覆不允。嗚呼清政府——野蠻——不知法律。搖其首而擺其尾。呻吟于外交之場。沐首三日而後敢言。及一開口。適貽人笑耳。

革命軍廣西占領

客歲以來革命黨孫逸仙以安南境上爲根據地。兵力甚厚。晉軍東北。清遣散之兵多從之者。藉是革命軍勢益盛。晉略以東諸地。自南寧進軍。拔北思城。茲據中歷二月二十日日本報「日本新聞」稱革命軍沿途糾合壯年同志。數逾八萬。分正副兩軍。正軍北進。既拔潯州。現已占領梧州。（按梧州在廣西東境與廣東肇慶相對）其別動隊。（副軍）則自鎮安。晉百色。攻擊山塞。目下正以兵力迫泗城。按百色山塞及泗城。爲廣西貴川間之通衢。近年以來。淸軍因防附近之革命黨。於該地山上險要之處。架設砲臺。革命軍欲略貴州。該處砲臺在所必爭。故分兵二萬。連夜包圍。現已二旬。聲尙在血戰之中。未分勝負。貴州廣東二省官吏。恐革命黨乘虛陷省。故將兵力集注邊境各要地。而聽廣西革命軍之行動。據現在革命軍之勢觀之。有軍裝之兵數已過九萬。其他全省壯丁從軍者不計其數。孫逸仙之領地東西已達一千二百里。南北四百八十里。廣西全省之半已歸掌握。而其本黨及中堅之兵力集于鬱林。已布告簡單之規約。以施民政。現正竭力施行統治之方法云。

按此新聞未必可靠。然本報對於革命黨之運動有聞必錄。故暫迻之。

革命黨又將起事

聞孫逸仙又回越南。不日將大舉云。

國報第一號出版廣告

本報以指導國民獨立提倡地方自治爲主義對於現今政見一切皆爲根本之解決國家興廢得失之林國民强弱存亡之本解亂披紛如土委地拒亂正之奸言放誣民之邪說其需切於箴砭藥石其言重於九鼎大呂神州無直言久矣斯眞存亡救危之金科而富國强種之大訓也法理文辭文質彬彬現代雜誌中絕倫軼羣出類拔萃之作也憂時之士愛國之倫其以先睹爲快也夫

每册二角半年六册一圓一角全年十二册二圓

日本東京神田區仲猿樂町五番地

國報社啓

雲南雜誌照片之奇特

敝社自開辦以來以材料論除照例揭載關于西南及全國之重要文字外尤以每號均直接譯載英法緬越各最有關係之書報爲獨一無二之特色今更大事擴張即圖畫一門亦無不極意搜羅以期饜愛讀諸君之目計刻下由特派員及訪事通信各員所寄來非常奇特之照片如左(自十一號起接續登載)

(一)法領安南之人頭博覽會

其一以安南無量數之人頭積累而成觀之可以知亡國人之慘狀其二以中國無量數之人頭積累而成觀之可以知海外同胞無同種政府保護之慘狀

(一)法領安南漢軍旗活動之眞影

計二幅均中國人投入法營者也一爲平時一爲演習時之照像觀此可由明末漢軍旗之大活劇以推定中國今日之前途此外更有四千印度洋島之緬主及王妃以及緬王故宮之照像　法國各種兵隊練習及軍營圍　法人殺安南人之各種怪法圖及關于南防形勢之重要測繪圖各若干種

(注意)凡定閱本報者均可向本社或新女界四川粵西農桑河南等社定購訂閱各報者亦均可向本社訂購

日本東京神田西紅梅町六番地

雲南雜誌社

四川雜誌廣告

登岷莪之巔以矚中國西南半壁六詔危兩藏急蜀之形勢險殆極矣而地屬邊陲民智錮蔽釜魚幕燕其樂方酣本社同志惄焉傷之爰組織斯報以餉邦人其主義在輸入世界文明研究地方自治經營藏衛領土開拓路礦利源就此等問題切實發揮和平鼓吹使我蜀國同胞起作神州砥柱噫秋色蒼茫海天萬里云誰之思西方美人我七十萬伯叔兄弟諸姑姊妹其亦將聞風而起乎全年十二冊零售每冊貳角訂半年者一元一角全年二元郵費另加

日本東京牛込市ケ谷佐內坂町三十四番地

四川雜誌社啓

夏聲雜誌出版豫告

瀏覽中國四千年建邦史古代文明盛稱西北炳炳蔚蔚宏我漢京祖宗之光亦我同胞之榮也時轉勢移舊態全更比者日俄戰爭結果斯拉夫民族視線頓轉蒙彊隸於範圍陜甘危在旦夕破竹勢成全國是慮哀我秦隴尚安枕席大地河山鎖殘春夢黃河奔瀉而失聲華嶽滲淡而無色馬嘶邊草逐胡空憶廉頗之才人泣秦廷憂國徒灑包胥之淚同人鑒茲痛祖國之沈淪念桑梓之危急用是組織此雜誌月刊一册其主意在經營蒙疆防衛西北助我同胞之不逮而以開通風氣瀹除弊俗**發揮固有之文明灌輸最新之學說鼓國民獨立之精神** 爲宗旨競芳英各以所得爲社會益智棕爲國民導海鏡誠開闢西北之巨斧醫國聖手亦可藉此作病源論矣擷

第一期已脫稿不日出版閱者曷爭先睹特此豫告

本社及各支社代派各報價目表

雲南雜誌	月出一册	定價每册二角	定閱全年二元	半年二元一角	現出十二期
粵西雜誌	仝	仝	仝	仝	現出三期
四川雜誌	仝	仝	仝	仝	現出三期
夏聲	仝	仝	仝	仝	一期
國報	仝	仝	仝	仝	一期
神州女報	仝	三角	三元二角	一元七角	二期
豫報	仝	一角二分	六角五分	一元二角	五期
晉乘	仝	一角四分	一元二角	七角	二期
滇話報	仝	一角	一元	五角八分	二期

右開各報除神州女報在滬出版外其餘均係各省留東同人所組織如內地同胞有欲定購者可直函本社或向各支社交涉除一面掣付收條外當即由本社或各支社函令照寄此佈

本社白

探偵小說 芝布利鬼宅談（續第二期）

英國軋姆著
蓼城吳肅譯

哲慕濾答曰。如君所云。則行將殃及余家。余誠不樂聞此等事。老人急答曰。求君恕僕。頃所謂有失撿點。頗增慚愧。但僕意非謂君居此必罹凶險無如斯宅奇事異聞屢現不一。至究其所由來又頗費理解僅就老夫所見聞談之亦是增人駭異自攝費生先由先父手購去斯宅。未久即在其門前墜馬死。彼見子彼得又無故暴卒于恍。有云被課殺者。有云于入寢時被鬼物驚死者。議論紛紜。一無確證。其次子威廉在法京方待承嗣受產。忽驚電飛來。云其次子于前二日在巴里與人決鬬。因而中敵彈殞命。噫攝費一家。遂如土崩瓦解。慘不忍言矣。後乃轉售于貴顯芝布利公爵。斯宅之名。即以此顯。故近人盡呼之以芝布利。芝公寓此二年。一日忽急于移居鄰有挽留、或詢問者。彼僅答以誓不再履斯宅門。由此租斯宅之人。往來不經年輒去。五年以來。斯宅更無人過問。蛛網塵封。荒寂不堪寓目。今聞君父力加修葺。想陰慘晦暗之光景。已變爲一華嚴巍峩之偉觀矣。哲慕遲遲答曰。余父修理此宅。亦頗極經營。惟斯宅規模雖覺宏大。其實朽敝已甚。非投巨資。恐不能復睹完好。老人以冷俏之語答曰。但以君精密智識經營之。老夫確信雖廢物皆可以供君用。哲慕起向老人告別曰。擾君既久。舍下必皆念余。容異日再拜晤。老人隨與握手。並求恕不能遠送。命荻水相代。哲慕鞠躬退。偕荻水出門外。意欲稍延片時。與荻水談。即曰、余甚願姑娘之犬。即日痊愈。姑娘如肯以尊犬俾小生攜歸數日。爲其療治。是愈必更速。荻水即曰。君何拘執如此。小犬行將就愈。誠不能再以是煩君。些微之事。何是掛齒。乞歸語君妹。代爲致意。云荻水欽佩甚。不日將趨談。哲慕忽心有所觸。急答曰。姑娘言太謙。舍妹如得與姑娘爲友。亦與有榮幸。隨握手致謙詞。入車就道。一路迴想頃所遇之女子。確爲畢生以來所見女子中之最柔媚者。心頭轆轆與車輈共轉旋不已。比及家。愛梨早俟于廳內。相向問訊畢。漸談及今日會晤荻水。及所遇之原委。又云、彼甚願與妹相交契。且云荻水生活甚爲孤寂。今日彼爲兄引見一龍鍾老叟。伊呼爲祖父。設荻水事事全承此老叟眉睫而行。其所生亦可謂不辰。愛梨雖未即答。味其兄言。頗難了解。然愛梨之于荻水。其愛情與乃兄正同。故未久而三人隨成如契友。一日愛梨謂哲慕曰。今有一事相告。兄聞之必樂不可支。頃約荻水禮拜四來余家小酌。兄亦樂與晤談否。哲慕聞而喜甚。預誓是日不復外出。隨覺一縷濃情纏綿胸際。愈激愈烈。遂使心神迷惘。置身無所。其歡忭幾至發狂。禮拜四朝、荻水修眉掠鬢。斜簪花冠。禿袖長裾。比尋常相見時。更增一種禁禁可憐之態。一樽清酒竟至滿地斜陽。猶自鬢影衣香。芬芸四座。自茲荻水雖爲愛梨之膩友。而哲慕亦幾番心醉花仙矣。爲此佳人。我見猶憐。況美少年如哲慕。其願締秦晉。即讀吾書者亦應心許之。斯丹先生以晚年之愛子。不啻掌珠。其擇配亦無不樂從。但就伯司非而論。老人頑謬。所在皆然。爲可慮耳。哲慕又以閥閱成家。更無人與之相競。兩小依昵。意洽情合。遂至隨身情網。不復他念。時値風月晴朗。園中花木爭麗鬪妍。哲慕遇荻水于荼蘼架下。微致已意。荻水面含嬌惰。狀毫無矜色。哲慕隨緊握其手。荻水微作羞怯聲曰、哲慕蒙君不棄蒲柳本願奉事箕帚不稍推託但妾之託孤人遇妾頗善。君有所願。必待彼之承諾否則妾不忍背彼擅自專也。哲慕即答曰。明朝訪彼且以彼所答告姑娘。荻水躊躇面稍不懌答曰得如君所願。亦荻水之幸福但託孤人之意見大半不一。其成敗驟未可逆睹。哲慕曰。余必逞己雄辯與彼相談。大約此行或不至別有所阻難。是時斯丹先生已聞知哲慕之有是舉。素知荻水爲一嫻靜女郎。其欣慰自不必言。愛梨更望此美事早成。惟哲慕心中急欲得伯司非之許諾。既欲事之早成。何故遷延以待明日。即時經訪未爲不可。以其意告荻水。彼亦頗慫恿。隨相携由園中便門逕入寡婦家。適時哲慕雖覺事之成否未可預知。但將來濃艷歲月正不知如何消受。隨向其前面房舍微點首曰。近鄰不少佳室。余必出姑娘于此幽冷之所。姑娘竟能八年索居于此。誠哲慕所不及料者。荻水答曰、是誠令人悶損。但以祖父在。自不得不曲爲遷就。哲慕曰、以姑娘之丰采妙齡。不宜自苦如是。但願異日諸事皆適姑娘意。亦可稍補從來之不足。荻水頭微搖曰。後日若能善事君于妾願亦足矣

第三回

比至門前。哲慕謂司閽者曰。煩達主人。謂斯丹哲慕來訪。哀薩呆視哲慕良久。一如彼有令人進退之權者。半晌方謂斯丹先生。乞少待。已乃蹌踉入告主人。即出謂主人願見斯丹先生。清逕入。言畢、即引哲慕至四月餘前與伯司非相晤處。哲慕一見頗覺驚異。緣室中陳列之書架几案及伯司非所坐之位。毫未稍易。一如四月之久。伯司非未嘗一離其座及更無他人造訪其室者。當哲慕至前。老人起立。速客坐曰。斯丹君一向無恙。又蒙過訪。慚謝無極。但未知或有所賜教否。哲慕答曰。今有一事來與老先生相商。雖有令老先生驚訝赴。顧亦老先生所樂聞者。老人答語頗冷淡曰。斯丹君有事見教。乞明先僕。容或可以遵命。哲慕曰、老先生既痛快。余示無妨直陳。今日午後荻水姑娘已許哲慕締姻好。今特來乞老先生允諾。伯司非不語。稍久忽猛抬頭謂哲慕曰。荻水爲余義孫女。君應早知。彼對余老人及老人殘餘之財產。一無要求之權利。哲慕曰。余盡知、彼亦嘗以其身家告余。且極云老先生相遇之厚。老人曰。不料婢子竟欲捨此老叟。而獨尋女禮李夭桃之夢月。平日感恩報德之語。

盡入畫中矣。呼、余復何言。哲慕急辨曰。愛梨嘗談老先生愛戴之情。溢于言表。亦正未可厚非。老人冷笑曰。僕誠感其相念。斯丹君僕頗不耐煩言。不幸違君意。君適所要求。僕實不能承諾。哲慕從未料及至此。乃大驚。矜恃良久方謂曰。老先生意將不允此姻事乎。老人曰、僕之行爲頗厭人之强迫。斯丹君其信余。僕云不願與君締姻者。亦正有故。僕亦知君必心痛僕之拒絕。但僕意已定。向不可挽。設僕年盡後荻水行藏一任婢子自主但有僕在恐他人非易好力。言畢、即振筆作書。一如客之無足共談者。哲慕大呼曰、伯司非君是等之決議。吾恐盡人或未之得聞。伯司非曰、僕之意見固與人殊。但僕之義孫女。誠爲一佳婢。僕確知其品行。設僕有所不願。彼未嘗背僕而行。哲慕起身趨至門側。方欲出此室。復回顧伯司非曰。先生已確定。余不能別有所言。以改先生之定見乎。老人冷笑曰。無容再置喙。哲慕本爲一熱面少年。今與此笨老口角。怒已不可遏。隨曰今實勸君回意。余定娶荻水。老人低首作書哂曰。僕死後。听君爲之。哲慕別無言隨出。但先已料定荻水必候于園中。雖滿面怒容。見。荻水仍温和相告曰。彼生一日。吾等事一日無望。彼不念人情。遽謂事事必待彼死後。姑娘方得自由。否則非他所得專。似此自私之心。亦屬令人厭惡。荻水長歎曰。余早知彼之意見。不竟如余等所希望者。但我自有法可挽回彼之心性。余知最詳。彼素相信余言者。哲慕曰、好自爲之。勿又如余之失敗。隨相握別。哲慕逕入園中時已黃昏。花木尙可依稀辨認。祇覺一種淸幽之趣。爽人胸襟。哲慕行此蒼茫景色中自念且自謂曰。以余之翩翩年少。反遭此迂叟斥拒。何不幸乃爾。又自慰曰。假荻水以巧言令辭感動此叟。遽承諾余二人之姻事。則其快何如。他日偕玉人于此園散步言歡。始可慰此獨行踽踽之苦。正幻想間。忽擧首見一人衣冠鄙野。立于曲徑外之甬道傍。似曾晤過其面。及哲慕至前。不覺驚駭失措。是人非他。即向日晚臥于達鈴河畔橡樹下與老父角口之里査麥布利也。麥布利即脫帽致禮。狀頗謙謹。問哲慕曰。斯丹君別來無恙否。僕之來英。諒非君所及料。哲慕曰。余實訝甚。曩余父所告戒汝者。汝竟置之度外。偏重違其意。今又潛入余園中。如從余勸。可逕去勿他言。否則辱將及汝身。麥布利曰。君仍作如是不情之言乎。余之名望及余之身分。君尙未之獲聞。余今特訪君父而來。余恐君父必不甘以羔酒享余。顧麥布利之特性素頑强。要非些微足以介懷者。哲慕答曰、汝果欲覘余父。汝亦知余父非懦夫乎。雖然余終不願汝得晤余父。更不願任余父再爲汝所煩惱。麥布利曰、愛友哲慕君、固未嘗知余。余自異國還來。歷經艱辛。原爲一晤君父。今君不爲引見。反再三阻難。君誠太過。但君之終不悅余晤彼。想亦自有故。然余亦有不得已于言者。昔余在一村中與一客寓主人友善。今日芝布利宅主確邏時。鄰寓之一重要人物。彼之令聞廣譽。麥布利知之既詳且悉。可惜——哲慕久不耐听。至此知麥布利必無可入耳之言。隨緊握拳、挺身至前。作待毆狀曰。刁徒設有不遜之言汚余父。汝之性命當盡此。哲慕雖作如此狀。然回憶在奧斯大利亞其父牾彼之夜。歸途神色大異尋常。但彼二八究有何秘密。心中頓覺驚懼。繼思父名赫赫。三島上人莫不欽佩。何物齷齪麥布利寧。足爲父慮乎。隨曰速去速去。勿使余等再見汝可憎面。否則恐不利于汝。麥布利曰、哲慕君勿噪。余非懼人威脅者。設汝確知余之來歷。必將向余長跪乞恕之不暇。更何敢如是咆哮。適己言過。余特來晤汝父。任汝如何阻止。余將窮年累月守此門外以待汝父之出。哲慕曰、甚善甚善、余恐汝死此門前。亦未獲得見余父。麥布利曰、旣如此再見、言畢、即轉自向園門去。哲慕待其滅跡。方鬱鬱歸。自忖若冒然歸語老人。又恐遺親心憂。不言終屬不當。展轉不決。入室後聞其父已入更衣室。哲慕往視。見其父方自執刷理其如銀之髮。丰度奕奕。頗稱矍鑠。電燈輝耀。屋中裝飾更形精彩。回憶日間所遇。先遭拒于伯司非。又被觸于麥布利。佳人難得。慈父多憂。萬緒索心。頓生悲感。斯丹見兒入即問曰。今日晤伯司非君。想彼已首肯此事。哲慕答曰。不幸彼叟頑謬。深惡堅拒。大遭彼之白眼。又將其拒絕之言。其以告父。狀頗悻悻。斯丹慰之曰。好事多磨。我兒無須心冷。明日父將自行往拜伯司非君。恐父逞三寸舌。不難挽回彼固執之謬見也。哲兒、余視汝面重有憂色、似仍有他事須告父。速冒之、父非肯難爲兒者。哲慕曰、父乎、兒甚恐此事遺父憂。特顧慮不敢明告。斯丹曰、哲兒、實告余父、不信或有不利于余等。兒旣再四思維。試詳言其要。哲慕答曰、兒亦不願有不利于余等。雖然、父乎、父曾記余等將離奧斯大利亞在宮島夜談之人名麥加利者乎。斯丹聞斯言。正如哲慕所料。面容頓改。大呼曰。汝之意以爲彼現來英乎。哲慕曰、兒正與此。今日傍晚兒遇斯人于國中。又被兒逐出。斯丹移身倚睡椅上。目注地毡、若癡半晌顧哲慕曰。彼對汝作何言。斯丹言時。身戰慄不定。音甚沈滯。似難自恃。哲慕答曰。彼願見父。經兒再四阻難。彼欲坐守門外。以待父出。斯丹發悲聲曰。斯人將死余也。三十年來。斯人之苦惱。余可謂已極。余終無法以處彼。哲慕見父如此急趨至前、緊抱父肩呼曰。父乎、有兒在、足可分父憂。斯人焉足畏。兒自設法脫此煩惱。斯丹曰、無法無法。彼既有意訛詐余等。實難易與商酌。哲慕稍帶怒曰。父乎、父有短行爲彼見聞乎。兒殊不能信。斯丹曰、兒言誠是。父焉有所短行爲彼所見聞。但—但是—無須再談。彼矣遲數日。父將以可悲慘之事全告汝。暫時汝可不必深問。余之愛子。依父意。兒可不必深究此事。哲慕曰、既如是、父將何以對付斯人。斯丹曰、余將見彼。且以金錢贈彼令去。余等可稍得目前之安樂。汝亦知彼之住所否。哲慕曰、彼任交衢都列丹斯丹隨起立曰。余將致書招彼來。汝亦可更衣去。勿將此事罣念。當日晚餐座上。大都默默。斯丹頗形不快。哲慕更呆坐若木雞。雖愛梨曲意言歡。終不能破二人之沈悶。飯間侍者方執酒請進。忽聞接續驚喚聲。尖利刺耳。斯丹急躍起。哲慕等亦隨之趨出。大呼曰。聲從何來。侍者曰、聲似來自樓上。隨先趨至寬大之樓木樓梯前。一足而登兩級。比及望台。一婢臥樓板上。面色青白。似已驚死。哲慕後侍者登樓。隨助侍者負婢下至所中安放一臥椅上。斯丹令取返魂丹至。服之良久稍蘇。隨四顧曰。彼去否、又少定方謂諸人曰。婢子每于晚飯時。爲愛梨小姐鋪設寢具。每日習以爲常。今日方鋪設完時。正欲掩望台上門。忽有一駝背鬼。身矮而黑。逼近婢子前不咫尺。婢子常于僕人室中。聞是鬼恒夜出。婢子方哂之。今夜乃爲婢子親見。婢子將死矣。言畢嗚嗚而泣。斯丹等慰之。少頃精神復元。漸能行動。隨自誓永不復往此樓寢。斯丹等亦復至餐房坐甫定。忽門外鈴鳴。俄侍者執名刺入云、有客名麥布利者來訪。哲慕躍起曰。余已告其勿再履此地。彼又來自取辱。余定不與甘休。斯丹急止之曰。哲兒不必。我于飯前致書招彼來。將有以告彼。魏祿已令彼入否。答曰、已待于書室。斯丹曰甚好、余暫往視彼。哲兒其少安。隨出室去。一分餘鍾後。哲慕愛梨等忽聞麥布利在正所大叫曰。汝竟敢逐余出乎。言時似怒不可遏者。又續言曰。汝終不許余與汝子女談乎。斯丹答以鎭定之聲曰。無論如何。余等終不悅見汝。其速離此地。魏祿可啓門令彼出。日後彼若來。勿再令彼入內。是時魏祿已啓門逐客。麥布利隨出至堦下。更回顧向斯丹緊握其拳且舉以示斯丹曰汝今以富淩人余終有日飽汝以老拳以償今日之惡待遇呀然一聲門隨緊閉斯丹歸慰子女。豐潤之面已如紙白。愛梨極力承歡。以慰其父。但斯丹俯仰間。幾如失神。少坐宵深。荻水至父前以吻親其父額勸曰父愼忽過苦致兒懷不安夜已深父其就寢乎斯丹握其手曰、兒勿憂。明朝父必痊愈。兒先寢。上帝其佐兒。愛梨曰、上帝佐老父。兒入寢矣。父其自重。哲慕至愛梨去後。謂斯丹曰。兒願父實告兒彼人之未意。並許兒助父以却之。斯丹答曰。縱告兒知。亦屬無益。斯人誠一亡命徒。適將與父相毆。故父怒。方令魏祿逐之云。恐彼仍不能從此絕跡。哲慕踟躕稍久即曰。父眞以爲兒之不足與聞斯人之來歷乎。斯丹曰、否、余之不即爲汝告者。特恐汝必有所痛心。旣如此。余必詳告汝。但今己深宵。此時汝可歸室就寢。明朝使汝如此事可也。語畢、握手各散。望日侵晨。哲慕散步園中。以賞早朝景色。距朝餐前三刻鐘始歸。比度至廳中。方待拾級登梯。忽見魏祿驚慌異常自樓奔下面色死白作嘎聲曰天乎、速登樓視君父哲慕觀是駭狀又听其言如是之急迫急呼曰余父如何魏祿不顧答。急速哲慕登樓。

經入父室哲慕彼時睹此慘景殆終身不能釋于懷者所睹維何即其父之手足伸張逾常仰臥牀上兩拳緊握睜目上視天花板鼻孔凝血糢糊舌出唇外狀甚可怖一帶環結頸中兩端下垂嗟乎、威廉斯丹竟以縊終矣

第四回

哲慕睹此情形。六神失主心痛欲裂半晌問魏祿曰、嗚呼此何故、此何故、汝必能余。言時全身發抖。齒牙相擊。不知所措。魏祿答曰天乎僕人焉得知是必有人謀殺哲慕急趨至牀前。跪于父側。執其父僵冷如冰之手。大叫曰、父乎、上帝其罪余乎隨倒臥牀下。良久勉起取父兩手輕移于胸上。回顧魏祿曰、善人請醫生栢令吞來及遠至警察局遞信可借一警吏急來勿遲。魏祿奉命去後。哲慕忍悲出房爲其父預後事。方下樓、微聞愛梨在朝餐室內。漫聲度曲。似听其兄下樓揚聲曰。兄來何晏父亦尚未見來。牀頭候急矣。及哲慕入餐室。愛梨驚曰。兄何滿面淚痕。哲慕遽告所以。愛梨怔視兄面。眼睜如鈴。兩膝發顫。一瞬間連椅倒地板上。而哲慕急趨前蹲下。抱喚許久。方漸漸蘇醒。隨相向大哭。間聞報醫生同警吏已來。哲慕囑妹勿太過苦。急出、

醫生迎曰、君之所遭僕已無言可慰藉。哲慕未即答。逕引一人至父室。醫生閱後曰君。
若有所垂問。僕當詳細以告。哲慕曰謝先生、時已至此。余復何言。但先生應知余父
距今死有九時乎。醫生曰、否愚見、距死時至少已六點餘鐘。哲慕曰、余父致死之由。
先生別有所疑乎。醫生曰、否、但就表面而觀。確係縊殺無疑。言時警吏已自各處巡
覽畢入室。詔哲慕曰。斯丹君僕欲將屍室暫鎖。鑰匙暫存僕手。且欲即刻復命長官。
當可定日驗屍。然僕必先有所問君者。乞明以相告。哲慕曰、余此時神志頹喪。魂已
離舍。惟望早將兇犯逮解公廷。科以謀殺之罪。則余父仇可報。余心亦稍慰藉。君有
所詢。敢不具答。警吏曰、僕已至各處查看。到處窗牖皆關閉甚嚴。兇犯似非由窓而
進。君亦知死者每晚鎖寢宮門乎。哲慕曰、否、余確知余父五十年來。從未有是習。警
吏曰、如君所答。想必由寢室門入。但僕確疑門窓或有已開者。斯丹君僕今尚有一
迂還之疑問。君亦知死者平素有仇人否。哲慕自見父死。心中早有疑竇。今聞警吏
言。即答曰、君問誠當。有一人在奧斯大利亞似與余父有不能解之仇怨。警吏曰、求
君恕僕相駁。縱有仇人在奧斯大利亞。焉能昨夜來英倫殺君父。哲慕急曰、此人現

已來英倫。昨晚尙至余家。與余父爭吵。余父逐之出。臨去時云。此辱誓必相報。警吏曰、有此則案情大明矣。余必往詢彼。但彼之住處。哲慕曰、昨日彼寓交衢都列街。今恐已潛遁。無從追及。君若懸重賞以購此人。想亦不難立致。君等如能爲余復父仇。則報酬自不必贅言。醫生曰。全村之人。皆慕斯丹老先生令名。復仇應似不難。君愼無過痛自傷。警吏曰。余暫辭。且往交衢都列街。訪其人所謂某某者。哲慕急答曰。其人名里查麥布里。言畢、更以麥布里之容貌。節略告警吏。警吏更進曰。君認眞此人之面貌乎。哲慕曰。雖遲二十年不見。邂逅亦必相識。余僕魏祿。亦可爲證。昨晚啓門逐麥布里出者。即彼。警吏曰、謝相告。僕如得頭緒。必陸續以告。言畢、醫生亦與辭。隨相偕去。是時芝布利宅中。未及半日。驚耗喧傳已遍。庵人園卒。咸股慄相向。廚歸曰、昨夜之故。我已早知。魏祿君祿雖笑我。我終覺瑪黎所見之矮黑鬼。不爲無因。人人皆知斯宅此鬼一出現。不出二十四點鐘。必有死亡者。廚歸言時、諸婢皆齒擊有聲。彼更續言曰。人皆信謀殺。我亦不同彼等辨。不知被縊死于牀者。非始于我家之主人。一婢問曰、梁媽媽據爾所言。我家可憐之老主。確爲鬼致死無疑。言時氣倒噎如被電擊。廚婦答以曖昧語曰。我難確言其死于鬼抑死于人。少間又曲爲自解曰。蓮擔、時至汝將自明。哲慕送客後即歸室作一短札遣僕令請荻水速來。慰其愁苦可憐之妹。半勾鐘餘荻水已至客所。隨淚盈盈。迎問哲慕曰。展君賜函心痛欲裂。衣服亦無暇更替。即馳來此處。但如此凶耗實令人無從着想。余可憐之哲慕汝將何以處此。余不幸之愛梨如何。君速引余往視彼已苦殺否。哲慕隨伴荻水至其妹室。相向更有一番對泣。自不必言。哲慕辭二人出。巡往樓下父之讀書室。勉强寧坐。以待警察局之消息。未及半點鐘早間來察之警吏已有報告書來云。昨夜麥布里歸交衢都列街晚甚。今晨五點鐘前已乘早車往倫敦。但已電知倫敦之長官。言明麥布里之容貌節略。不久必可被捕云云。哲慕自不得不暫息焦思。旣又接驗屍官之通告云。翌朝在交衢都列街寓前列場驗看屍體。十二點鐘後魏祿執名刺入云。有客名魯賓者。以要事來商。急欲面晤主人。哲慕已知來人意。即謂魏祿曰。導彼入客室。哲慕隨出迎見。來者爲一矮小人物。衣冠灰暗。似崇信異教之監司。貌頗不揚。語沈濁而低。顧哲慕曰。君其斯丹先生乎。哲慕周旋速客坐。即答曰。余即是君辱臨有何賜教。客曰僕名魯賓。爲司曷蘭弗之包探。刻聞貴宅遭此凶變。僕雖不才。頗以偵幽探異爲僕職務。今願爲君雪此不共戴天之仇。偵此凶犯。愼勿以僕値君悲憤之際。多所喋喋。設以所聞得者。尋有端緒。則凶犯不難就捕。在君亦不爲無益。如君嘉納。請盡以事之詳細原委告僕。即瑣屑不足言者。亦無妨盡言之。哲慕隨自始至終告魯賓。即聞魯賓曰、謀殺者之入路。盡人皆知係由于室門。但君亦徧問諸僕人乎。哲慕搖首曰。余已爲此事顚倒。神魂皆不能守舍。君如以爲于事有濟。請盡問諸僕。但能得殺余父者。事事皆唯命是听。魯賓曰。以僕臆斷。當晚君或有異常之見聞乎。哲慕曰余毫無聞見。況余之臥室。相距尙遠。即有異亦不獲知。魯賓又問曰。夜間司鎻閉者爲誰。哲慕答曰、僕人魏祿。魯賓曰、舊日之老僕乎。哲慕曰余等歸英倫僅數月耳。是僕爲新僱者。但自來余家任事甚忠摯。嫌疑應不至涉彼。魯賓曰、應不至。是僕等所操之業。其成功大半皆出人情外。僕亦非遽謂尊僕涉謀殺之嫌疑。雖然、忠摯者恒爲人作弄。即不然、門窗或有忘鎻閉者。僕見亦不爲盡謬。且以大概詢魏祿君如何。哲慕隨命魏祿至。視魯賓所問亦都不甚精切。魏祿更確證是夜門窓盡行閉後方就寢。并自來魏祿奉公素謹。每夜入寢時。雖一鎖、一閂、一門、皆不至遺忘。魯賓听至此。頗覺失措。更聞魏祿言曰。窗外花壇下余已徧尋無一足跡。況余等已知麥布里深夜尚未歸寓。余老主人死時。又在中夜與黎明之間。少頃余擬往村中訪問。或有人曾遇麥布里于途否。言畢魯賓隨暫辭。向晚魏祿自村中歸。所志亦無。特効哲慕午後至書室。坐其父之寫字檯前。以冀于父廢紙殘稿中稍得麥布里仇怨之端倪。圖籍書笥。搜羅幾徧。終無起疑之件。抽屜中滿貯卷稿。要皆亡父生前成功之歷史。間亦有道及麥布里者。又皆平淡無足駭異。正搜索間。忽數小袋。精美奪目。簽封甚謹。哲慕仍置舊處。復仇之熱望。不覺若即若離。如墮五里霧中。正閉抽屜時。聞門外彈指聲。云魯賓先生來。哲慕命延入。自亦鎖嚴抽屜。置鑰匙于衣袋中。魯賓已踱入室。哲慕迎問曰。魯賓君有所發見否。魯賓答曰、僕恐大都不甚緊要。僕已知麥布里于謀殺之夕。由園中至大門前。確在八點半鐘。同日晚將近十一點鐘。有人見其立于園盡處石階傍。哲慕答曰。余知是處。請相告彼在是處作何勾當。魯賓續言曰。告君者實尚多。但君亦思彼于是時立彼處。其所懷不問可知矣。僕已問中園者。彼云有一徑通彼石階。可至斯宅。但人咸不注意。哲慕曰、彼處以無人行走。故爲藤葛遮護。猝不易辨。盡頭延至村中。蜿蜒可達斯宅。君已至客寓否。魯賓答曰然雖所聞不多。要皆可供研究。僕至寓、即晤其主人云。麥布里一到時。即探听君父行藏。頗爲恨恨。似此與君父有怨。自不待言。彼亦未常告寓主人。彼爲何如人。及來英何事。自接君父信。即來君家。夜既深。尚未見彼歸寓。即此而論。在十一勾鐘與一勾鐘之間彼必已入斯宅矣。無奈寓主人以睡魔纏繞。不能確知彼何時歸寓。但云彼心性惡劣。似有所觸。歸寓後。痛飲白蘭地酒。并云彼之歡樂日已盡。次朝即乘早車往倫敦寓主人所言如此。依愚見。僕等現所談者。對于彼皆如捕風捉影。設不能得彼謀殺之確據。恐難證其罪于公廷。哲慕听畢。隨帶過激之聲大呼曰。余等必得確實之證據。余確信麥布里爲謀殺余父者。設余于此世界中有特權及職責。余必盡此餘生。以與之角。終不至任彼穩脫法網。魯賓曰。僕已明君意。君其信僕。僕必盡僕之力。以縛此罪奴付公廷。但預言未免無用。君亦細思此案之對彼確據實屬有限。僕固知彼爲君父敵。且彼于臨去時。又以言恐君父。當夜君父即被縊死。由此而觀。屬彼無疑。但君究何以知彼得入斯宅內。無人見彼。又無足印之可證。雖其時彼尙未歸寓焉知彼不在他所閒遊乎。僕恐以余等一般之見。未可遽爲彼罪確證。雖然、明日視驗屍及陪審官等作何言。君如暫無別語。下問僕且歸寓。明晨尙宜早起也。哲慕送彼去後。逕往妹室。愛梨已漸止涕。哲慕隨將包探所言告妹。畢已至中夜。隨辭妹歸寢。正廳電燈兀自朗照。寒風自夾甬來。光搖搖作慘綠色。豎人毛髮。哲慕正下樓梯時。想宜令魏祿鎖門歸寢。及梯盡至所中。忽大失驚。見魏祿立餐室門傍。面白如紙。哲慕對之一怔。自念是奴必飲酒太過。乃大呼曰。呆奴醉昏否。魏祿答時。其聲大變曰。僕亦見矣。僕素不相信。不料今已目擊。哲慕問曰。目擊何物。答曰、鬼、小鬼、小矮鬼如人人所言者。哲慕素惡人談鬼。聞魏祿言。稍含怒曰。焉有是事。是乃汝之幻想耳。魏祿神已復元。即答曰。求主人恕僕。敢取上帝之聖約。以誓僕之不謊。當僕鎖餐室門時。僕即立于現立之地。絕未有他念。邇時忽抬頭。見望台上。一主人乎、僕現清醒。非敢以夢話誑主人。確見一小黑鬼倚闌干上。目赤如丹砂。一手上指。倏然而沒。設有人再云見鬼。僕不敢復笑其妄言。上帝佑僕。勿使僕再睹此惡魔也。

第五回

翌朝、驗屍官等在此村交衢都列街旅店中。驗偉威廉斯丹之屍。村人環觀如睹。良以村中遇此奇變。通社會各級之人自欲究其事之眞相。繼聞驗屍官等宣告致死之。由村人莫不嘆息痛憤。表同情于哲慕魏祿。雖昨晚被驚未愈。但彼係第一證人。必須至此所訊。隨先被喚上證云。彼爲最先發見被殺者及其所遇之各種情形。一一盡情禀告。毫無遺漏。更論及麥布里訪主人時。兩相爭鬧後。麥布里臨去時憤然言曰。此後余必設法以報是日之辱。又確證其晚窗牖皆經扃閉。翌朝起視。亦無一開放即或顯有被啓之痕跡者。哲慕隨前確證少僕言之不謬。又云、彼目擊麥布里與彼父在墺斯大里亞爭鬧之情狀。不料此言出後。大動村人之觀聽。更續曰。當彼父被殺之黃昏。曾親晤麥布里于園中。並禁其復近斯宅。至檢察官詢二人結怨之。由。彼又不能詳密答復。復喚醫生證云。當日被招赴彼宅檢看後。據醫生見。敢確證其爲人縊殺無疑。繼問警吏。其答一如在偉廉斯丹宅中所勘得者。第二證人乃交衢都列街之寓主。據云、有麥布里其人曾寓此。惟當日晚由八點鐘至十二點尚未鐘歸寓。並于次朝乘第一次火車赴倫敦。又喚郵政車夫證云、彼于當夜、曾親睹麥布里立于園之極端一石階傍。復證其未曾錯認。因當日黃昏時。彼曾于交衢都列街與麥布里晤談一次。質證至此已了。於是陪審官下判語曰。「嚴緝謀殺凶犯歸宅聽候傳訊」此案因此暫懸。落着恐尚需時日。魯賓詔哲慕曰。君勿太失望。達君希望之處甚夥。余等證據祇此。故陪審官亦只得如是判決。余等今已獲有緝捕之委任。若施盡力與此凶犯角。則必施以適當之方法與手段。僕午後赴倫敦尋訪。誓不廢時自誤。哲慕曰。若君得有端倪。可速示余知。魯賓曰、謹遵命。哲慕曰、余將往登廣告于報上。懸一五百金磅之賞格。若有送信與余因而獲凶犯者。余必以是畀之。魯賓曰。此等重賞。僕恐君將獲許多誑信。毫無用。但此多信中。間有一二重要者。亦未敢必。僕想君速登此廣告于日報上。勿遲。言畢各別。哲慕歸家後。即晤其妹愛梨。詳告以今日驗屍之情形及懸賞之意旨。愛梨頗贊成此舉。當即登于倫敦新聞報。次日偉廉斯丹之屍身。入殯于村中教堂傍之墳場。哲慕送葬。畢。歸宅後。適父之經理家產之律師自倫敦來。極道未克早日趨臨弔慰。實深歉仄。哲慕謝其厚意。律師曰君父之財產。僕已詳核共五十萬金磅有奇。請君查閱。哲慕素知父半身勤苦經營慘淡。不遺餘力所蓄定屬不貲。但父遺此毒手。即亦漠然置之不經意。今雖聞律師云父遺此鉅產。亦難稍減其哀痛。遂搖首作悲聲答曰。余將盡擲此鉅金以使余父重生。今余父既捨余而去。余雖處此世界。覺亦毫無樂趣。至今警吏偵探尙無一可指望者。余不得已只得登報懸賞。以冀稍得凶犯之行踪。不料所得來函。大都令人氣悶欲死。言時即指寫字檯上諸信曰、君請視此所書。非親遇麥布里于目者。即詳知麥布里之住趾者。其一云麥布里現在索列提燒餅鋪內充雜役。其二云、麥布里剛自亞美利加與彼同船歸英倫。若欲知其住所。先須以償金畀之。其三云、麥布里在惡斯佛街一酒館中充堂倌。更有云、彼匿於修船塲內。此禮拜即離英倫。其餘皆不經之言。更無足道。余恐是等信將日見其多。于余事一無補益。律師曰、以愚見。是等貴重賞格一出。麥布里匿跡將更密。哲慕曰、事已至此。彼竟欲一逃可以了事。彼之想實太差。任彼上窮碧落。下及黃泉。哲慕亦可緊隨其後。非捕之雖死亦不已。律師又安慰稍頃。乃辭去。哲慕視妹經荻水再三勸慰。痛已稍減。惟荻水須九點鐘歸宅園中路徑叢雜又無月光哲慕隨携燭相送二人行已及半途兩情默默各具恆抱。哲慕曰姑娘極力勸慰余妹使余妹漸減愁苦得以全其弱軀余實無任感謝荻水曰愛梨經此番驚嚇身體更形衰弱況思念老父刻不去懷余亦無善法慰彼僅陪彼流數行咽淚耳哲慕曰、余妹愛父實甚平日父或以事出歸稍遲即難釋恆懷言至此、更咽不能成聲荻水曰、君之孝已足感人然君父仍罹此凶殃上帝誠屬夢夢。但若以未獲凶犯痛心過劇而殞其身余恐君父亦不克瞑目于九泉女子薄見君其自思是時夜黑如漆四外無人萬籟俱寂入于耳者僅村犬亂吠與寺鐘相應和而已哲慕隨輕舒臂環抱荻水纖腰細語曰荻水、余等將來之生活汝應未忘汝竟欲待伯司非君天年後方來余家乎抑再設法向彼緩商冀事之或有成乎余之愛汝。汝應早知荻水答曰余已早知但君今之垂問實令余不知所答余之境遇君尚未之知乎余誠不欲負余之託孤人否則余已早棄此幽居惟念彼之對余衣食關心。逾于自待即荻水之今日蒙君垂愛者亦出于彼之所賜設荻水竟捨此殘年叟。而獨尋安樂不幾等于負恩之禽獸耶哲慕慘然曰如此、則余對汝愛情盡可渙然。姑娘乞稍安。哲慕更進數語。姑娘勿以哲慕曩日所言。皆非由衷。須知伯司非君。年已高邁。瓦霜風燭。復有几時。况余父近又新喪。縱得與姑娘締姻。亦須六月已後。彼時伯司非君意或稍轉。亦未可知。荻水曰。余必極力圖之。以如君願。余恐彼一留此世界。余等事終屬棘手。哲慕曰。縱彼如是謬執。但姑娘視哲慕非輕薄兒。愛哲慕。一如哲慕之愛姑娘。雖久待亦無恨矣。愛梨聞此。即在星光下注視哲慕曰。君誠信妾之果愛君乎。哲慕答曰。余心知已久。無煩再上齒頰。所尤痛心者。余父于亡之前夕。尚絮絮贅姑娘嫻雅不置。荻水忽嗚咽曰。老人之遇余。亦可謂仁慈已極。不圖竟以是終。可不痛哉。請問凶犯果即日可就捕否。哲慕嘆曰。警吏偵探雖終日盲吠。實無確當回音。設彼等仍久不能獲。余必自行出訪。事之成敗如何。亦惟聽天由命而已。余等已至便門。姑娘歸宅。乞留意。荻水答曰。夜已深。日間君勞苦已甚。今又伴荻水歸。乞速返就寢。勿使余久懷不置。隨相握別。哲慕視荻水入宅後。隨舉步歸。行未數武。忽聞有呼己名者曰。請少待。請少待。哲慕辨其聲非他人。即跬步不出戶之伯司非也。

第参期

雜俎

某先生贊

吾豫爲中國文明起點之區。賴大河毓秀。嵩嶽鍾靈。遂於二十四紀開幕之初。復產一大守舊家焉。姓出悟空。不能纘緒其祖。學總程朱。恰似貞婦守節。八股飛將。五韻叉手。品推鳳閣之英。聲重雞林之價。是以名譟士林。席位山長。朝懸講經之牌。暮下辯難之諭。程門立雪焉。帳承風懿歟。休哉。何其盛也。不幸淸廷厭故。學士喜新。自强變法之詔班。講經辯難之牌摘。時不至也。如下第之劉蕡。命之衰矣。等去勢之司馬韓愈搆文。窮難送鬼。陶潛乞食。饑易驅人。面上塵蒙三斗。胸中茅塞一團。歸家恐逢季子之嫂。入室偏遇買子之妻。無耐因茲投簪。有懷旋即拂衣。雖然摘仙奇材。文章自必名世。二師貴相。窮賤豈能終身。於是堯冠蹠屩。首鼠兩端。假毛貴之勢力。作學堂之教頭。耳聞鴃舌之聲。如針芒在背。目覩倡狂之形。似袒裼列側。主教尚未兩月。

度日卻類三年。自量其難一日安也。遂託赤松以遨遊。抱孝經以沒世。臨行貼壁一聯云。會館衙衙家家龜高等學堂處處蛙。讀之令人噴飯。詩云。高山仰之。景行行之。雖不能至。心嚮往之。

快人快語

述遷

讀漢高本紀。至威加海內。還鄉設宴。氣不覺爲之一壯。讀項羽本紀。至拔山力盡。帳下飲泣。氣不覺爲之一短。嗚呼英雄之語。何其感人之深也。歐土有拿破崙。猶吾族之重瞳子也。方其盛時。叱咤一聲。全歐帝王。威懾服於其鐵蹄之下。卒以滑鐵盧兵敗。破壞其統一之計。放逐絕島。賫恨以終。至今讀其遺傳。覺其言論行事。尤有令人可以歌。可以泣。可以敬。可以畏者。秋窗無事。擇其快語。輯成十五則。同好君子。讀之當浮一大白也。

(一)自由帽

法國革命之變。舉國若狂。拿破崙蹶然起。贊改革之論。語改革黨隊長曰。國家大改革志士之好時機也。胸中預以他日功名自期。千七百九十二月二十日。於巴黎王宮中。恨立於花壇上。人民亂暴過甚。取一平民自由帽。使國王路易十六世冠之。大呼曰。何以使亂民入此乎。何以不聚此五六百人。吹之歘揚空中乎。何以不蹂躪其餘者乎。憤憤不已。

(二)精瓶

拿破崙與奧國第一流外交官課拜愛爾氏。開談判於坎破和爾米。久不決議。拿破崙厭其喋喋。最後召至曰。卿能遵我約案否耶。課拜愛爾曰不能。拿破崙憤然曰。卿欲戰耶。卿得此當不難。乃擲其旁之一精瓶於地碎之。復大聲誓曰自此不逾三月。吾擺奧大利帝國有如此瓶。卿其記之。此瓶蓋課拜愛爾受賜於俄皇加陀隣。嘗持以驕人者也。

(三)劇場

拿破崙當全盛時代。於祖國雖負衆望。知爲一時虛榮。不敢過矜。嘗語人曰。巴黎人心。朝不保暮。我若久居於此。我身危矣。居此大巴比倫中。朝之功。夕之罪

也我往劇場若經三次信無一人顧我矣

（四）刑架

有羨拿破崙者。一日語之曰。公所至受歡迎。何其榮也。拿破崙借克林威爾之言答曰。吾若就刑架巳黎人之歡集亦當若此也。嗟乎拿破崙可謂眞知法人之性質者矣。

（五）亞爾伯山

拿破崙出都倫灣。向馬他前進。恃己日暮。書記官布利。遙望水天髣髴相接。亞爾伯山絕頂。突現於夕照中。往告拿破崙。拿破崙默然。海軍都督蒲爾以斯以望遠鏡窺之。曰布利之言是也。拿破崙起而大呼。亞爾伯山者再。稍沉吟復呼曰。吾望意大利不得不心動。吾犯危難征東方此山靈未嘗不期我破敵勢已至此吾惟與爾將士共破敵人無負此山

（六）金字塔

拿破崙征埃及。軍達尼羅河。以望遠鏡瞭敵。軍士驟見此大金字塔。輒驚歎不

置。拿破崙凛然立於陣頭。指點此朽不之物。以示兵士曰。嗚呼我兵士。此塔閱四千年星霜。猶巍然露立。今將靜視汝曹所爲。汝曹愼之。於是軍氣百倍。奮然前進。

（七）愛兒

意大利之役。將官代舍驅兵達於聖得秋利村。時奧軍逼近。代舍鞭馬衝敵。達於拿破崙之地。呼曰。大事去矣。拿破崙曰。卿所何所見而云然。我意我軍必獲勝利。卿宜進矣。勇悍無敵之代舍。聞命率兵進擊。迎風怒吼。奧軍當之。無不技靡。如潮湧而退。拿破崙驅馬野巡。呼其逃兵曰。我愛兒。汝猶記吾之眠於戰場耶。今汝之退也。亦已甚矣。盍再鬪以取勝。兵士聞之。氣壯俱猛進殺敵

（八）名將

日耳曼之役。俄爾們昭後。拿破崙傳檄全軍。其文之尾幅。有云。吾觀世界。無一名將。可爲我敵。吾甚欲我兵流血少而殺敵多。嗚呼我兵乃我子也。吁亦偉矣

（九）愛友

德停之戰。大將突盧古中敵彈。貫其腹。拿破崙奔視之。執拿破崙之手。着其唇曰。吾始願終身以身命供陛下。今已矣。夫復何言。拿破崙聞之。痛極。緊握其手。而置其首於己之左掌上。經二十分時。凄然不能出一語。突盧古精神毅然。復曰。陛下速去。我母視我。心痛。拿破崙聞此老戰侶最後之言。僅能發愛友一語而去。

(十)女色

有沙愛斯者。恒慮其被人暗殺。一日。造拿破崙之邸。告曰。事急矣。某某等謀不軌。事將發覺。速起爲備。拿破崙聞之。詢曰。我等衛兵。亦爲反者煽動耶。沙愛斯答曰。未也。拿破崙坦然曰。卿且歸休。姑就枕以俟反者之謀。熟夫戰事猶女色。不至其處。不能終其局。迨反者襲吾等六百衛兵時。發令破之。諒未晚也。

(十一)勇士

墺士得律之戰。告終時。拿破崙集兵士演說。最後曰。汝告國人。一語足矣。曰。吾戰於墺士得律者也。國人答汝。三字足矣。曰。勇士也。

(十二)法人

千八百十五年六月十二日。拿破崙起兵。自巴黎向比利時進發。十四日抵馬威奈斯傳其慷慨激昂之檄文於軍中。其尾云爲我法人者勇往直前不勝則死耳。

(十三)鷲旗

拿破崙將放於愛爾巴島。降樓至廳上。近衛兵整列見之。血脉鼓動。涕泗橫流。一時滿廳寂然。拿破崙吐其悲壯之聲。演說曰、曩者我非畏死而不死。誠以天下之事更無有易於死者。我不欲我之榮譽墜地。是以姑且不死。我之姑且不死將吮筆記我畢生之事業。用告後人。以恢復我之榮譽。傷哉汝曹。吾不能遍親汝曹數百人。吾其親汝曹將官以禮。汝曾將官。‖來‖將官貝棄託至前。拿破崙抱而親之。親畢曰取兵士鷲旗來。左右獻上。拿破崙親之以口。兵士齊泣下。一時聲振廳上。

(十四)墳墓

拿破崙既放於愛爾巴島。鬱鬱不得志。語人曰。吾居愛爾巴一年。如在墳墓中聞余子孫之聲噫拿翁之心苦矣。

(十五)軍頭

千八百二十一年五月四日。拿破崙病劇。越日更甚。昏惘中譫語模糊不可辨。唯軍頭二字稍淸晰。此千古不世之英雄。絕命之詞。乃僅得此二字耶。嗚呼痛哉。然而快哉。

來稿

無聖篇

凡人

此篇所論。有疏於學理處。且訾毀孔子。不無過當。然以吾國士夫。素崇孔子。莫敢懷疑。故數千年來思想滯閡不進。學術陵遲至不可救。此篇雖不免矯枉過正。然錄之亦可覘思想進化之一斑云爾。本社識。

秦漢以降。歷世相傳有不可思議之一怪物焉。曰聖人。其爲怪也。富貴者淫之。威武者屈之。君主不可得而臣。而利用之。以箝制其下。尙古者不可得而友。而利用之。以懾服其徒。强權之患。由是始。恣漢之世。法律未備。雖斷獄不成。猶以春秋解之。其勢力之宏。概可知矣。而世之好事者流。遂視爲奇貨可居。從而和之。以益增其魔力。宋代理學。窮於聖人。泥而難通也。則引入名家。以爲聖門之徒。（如程子謂諸葛武侯有儒者氣象是）明季佛學方盛學者懼聖人無以自存也。則陰釋陽儒。以爲混同之計。沿至今日。斯風加長。視聖人之靈爽照耀無窮。行將立億萬萬年立憲君民師表之業。是以腐儒俗子不憚煩苦。引經徵典。廣爲牽合。以仁民愛物爲無上平等。以誠意正心爲眞正自由。（雖譚嗣同不以爲恥而作仁學其他可知）甚致以周禮制度爲適章憲章（周禮政要蓋主斯義而近日研法政學者鮮能逃此劣見）大學格致爲聖門科學（昔見於時務論爲康梁之徒倡言於戊戌年間）論語廿篇足與泰西各象相比較。適成其爲至聖。（近出新論語一書專攻斯業）於乎。是誠大古之大惑也。余嘗縱議今古。橫覽西東。迨未見聖人產於人世間。鄉使秀靈之氣。獨鍾我國。足以世食其賜。則我國之盛。我民之福。是當超軼乎各國之上。爲世界第一等國矣。奈之何徵之往史。既如彼其黑暗。按之近勢。且奄奄垂亡。不可終日。甘讓第一等國之位次。而二而三。循將遞降焉。而未識伊於胡底。探本而論。得非聖人爲之厲階歟。於是聖人之果有與無。遂磅礴於余腦筋中。鬱積而不能釋。思之思之。烏容於言。爰草是篇。命曰無聖。豈曰闢聖。廼研聖之之所謂。豈敢沮學聖者。誠悲至聖者之少。聖其有乎。余實望之。聖果不可得而至焉。余將與天下痛辯之。一洗舊污。用迸彼怪物於國門之外。

考世界相稱之爲聖也。固不止中國。希臘有蘇格拉底印度有釋迦佛尊然蘇氏之後步其塵者無人各樹一幟演爲分析學派佛則專研哲理斷絕妄想述之雖千萬其說其不言現世之假象也則一總無若中國所謂定於一尊者政法、聖之政法也理論、聖之理論也倫理、聖之倫理也下至灑歸應對進退之節禮樂射御書數之文無不根原於聖而惟聖是準三者相提而衡之將謂希臘印度之聖不及中國之聖歟世界無或有此說也將謂中國之聖非得與彼希臘印度幷峙歟則事實毋可揜也抑將謂彼二聖不過賢能之稱我國之聖則爲民立極足爲萬世法歟則彼二聖何嘗非以是爲聖俾後人遵守而其結果也或反乎前說發明古人之所不及知或永爲專家逸出乎凡人之爲不及察惟我中國異其旨趣千萬年如朝夕未嘗稍越其範圍且變本加厲累世益增（例如歷代增加聖人之徽號是）駸駸焉將非與中國相終古也不止余懸是疑而深研之迺恍然世之美大之稱多誇張其辭而未必的實聖之一字蓋尤荒誕無稽幾於不可究極也

夫泰西曷嘗有聖之意義哉。自東洋譯述之。則本其聖之觀念。因易之爲聖。（譯聖且有二種）

一爲宗教之聖爲 Saint. 表示信仰之意也、一爲哲學之聖、爲 Sage. 銳敏也、伶俐也、賢明也、聰明也、皆可以此爲稱、此聖之研究直可謂中國獨有之問題非世界之公案也余即專言中國聖字之在古代也原作爲亜上一象天下一象地中有二日含之爲聖以表聖之爲美有倍勝於日者此足徵荒古未開化之思潮多妄謬無倫書始見容作聖之語蔡傳解日於事無不通之謂聖淺嘗言之聖復何奇其次見於周易日聖人作而萬物觀是萬物發見於聖人後未識聖人之前有動植物昌與盛未及聖之大成者出則孟子結之曰大而化之之謂聖夫既化矣大已無有性靈空存於兩間道化際生於四處於一人之心理猶恍爲萬世之法守何在此皆流於文飾而稱之不符其義者也至後世言之愈支非謂其德無不包其學無不至即謂生而知之非困而學之者而彼爲聖者竟自以天生德於予以爲天未喪斯文是直自附於上天驕子之列承天眷命無敢彼可其眩世盜世有類世之所謂眞人仙人者宜乎世人惑之競相追逐轉相告從以爲進取名利無上法門禍水滑滑久成江河誰能挽其狂瀾破其妄執以發一綫光明耶余心戚戚然思救護羣生咸渡苦海恢復其天然之智惠感發其自由之精神不至復爲聖人傀儡冀爲前

途開新紀元故敢倡言無諱以明彼聖人之技倆用示我學界

一曰聖學　夫學之定義今人難之學之名辭非一種之學所能獨占又非各學科之外所能獨立蓋各學科之所同有以精確知識與互相關係之精確知識相連貫而構成各學科之發生也彼聖學者姑無論其不能兼有各學而足稱爲聖卽其一部分之聖學已有言之而難通者朱子曰學之爲言效也程子曰學以聖人爲至是學者所以效聖人也故謂聖學問何以效之則將曰效孔子問孔子何效焉則將曰祖述堯舜憲章文武問堯舜文武何效焉彼則已無辭對必出遁辭曰聖法天也若問孔子何以不法天間接效堯舜文武爲聖學者何以不法天不效堯舜文武至再間接而效孔子令之世人何以間接至四五而朱而程而聖門諸賢而始及孔子去孔子之所祖述而尙瞠乎其後是何以愈降愈下耶且法天何不曰天學效堯舜文武何不曰堯舜文武學效程朱孔子何不曰程朱孔子學而胥言爲聖學哉吾得一言代而爲之答曰非以效法之說爲聖學註脚則聖無立足之地而學之自由發達將有千百出於諸聖

之上者儒者無術再以聖學誘人入奴隸藉矣噫是誠何心哉

二曰聖道　夫道之爲物判然分殊周易曰立天之道曰陰與陽立地之道曰柔曰剛立人之道曰仁與義是中國多元論之始曷嘗有所謂聖道哉書言道心人心是惟心之論非曰聖道中庸率性謂道是性命之說非曰聖道惟孔子一貫之旨爲聖道說之所由起然一貫安在乎不過曰忠恕而已此人生論也烏足以言聖道或又曰夫道若大路然爲衆人之所共由是則自生民以來即有道又烏足以言聖道然則所謂聖道者豈非以世道皆在於聖道中乎若是則安往而非聖道子張學干祿聖道也子路助衛亂而死之聖道也利祿可圖名分可亂而胥列於聖人之門則莊子所謂盜跖行道之喩妄意室中之藏謂之聖入先謂之勇出後謂之義知可否謂之知分均謂之仁不益見聖道之溥遍無外乎然彼聖道則不認此也割不正不食爲飮食之節席不正不坐爲擧止之禮五尺之童羞稱五覇聖人之徒在攻楊墨其餘術數縱橫之流同異堅白之論固斥之爲異端邪說不稍寬假者不知彼所謂聖道何其偏倚若此而

不倫如彼也吾人爲之解釋曰講性命而不參之以名利則無以擴其範圍以籠絡人心談道德而不飾之以禮節則無以大其聲勢以愚惑人情若夫兼容百家由分析而調和而綜合實研一元之妙者非其原有之目的物即有一二妄說無足徵矣

上來所言不過據道學家所自譽其爲聖者。而略及之。其謬點固不止此。如言聖德也有大德不踰閑小德出入之訓未識不踰與出入在外歟在內歟或合小大而即有聖德之可言歟寗如今日之所謂公德尙爲圓滿完美乎又如言聖經也聖人作者謂之經賢人作者謂之傳經傳定義之標準以其人歟以其言歟所謂不以人廢言者安在歟無惑乎漢唐之際僞書百出妄托諸聖賢之手而無敢或議也寗如近世所謂學案較爲眞實分明乎凡如此者吾人通徹而觀察之無論其爲聖明爲聖功爲聖法舉不足再深惑於人而可以永存者是吾人確信之點無少或疑矣惟進此而言則聖之一事有耶無耶。彼不足爲聖抑別有聖之可稱者耶是本篇研求之正鵠欲與我學界所商榷者請試言聖之關係作爲證明

來稿

一無聖之前有聖　前節引聖法天一語。未及加辯。亦烏足爲據哉。易象曰。地勢坤君子以厚德載物此爲法地乎否乎。若承認此說則前說爲不備若并認二說則是未能脫奴隸觀念而人無完全獨立之資格也昔人云人亦小天地何若言天地爲小吾人爲大乎原人之始生也由下等動物出類拔萃得占優勝未始有所法守也由未化人類升堂入室得脫劣敗未聞有所遵循也堯舜之前無堯舜始得有大有爲之資料以成其禪賢之美湯武之前無湯武始得有誅獨夫之創舉以顯其征伐之義禹承舜而不必效舜不失其爲大伊尹相太甲而不必守臣節未或譏其妄夏尙忠也非承夫前商尙質也非承夫夏周尙文也非承夫商亦皆不損其爲三代之盛此足徵自由發生迺克有成曷嘗有所效法而始有聖之可言哉故余曰無聖之前有聖

二有聖之後無聖　聞是言者。不疑爲矛盾乎。玆先當說明者。即前節所謂聖字。不過賢能之特稱耳。自互相標舉之聖不出而統一專制之聖迺生孟子曰孔子者集諸聖之大成也自有是說聖之一字迺上升九天橫亘四極永爲萬

世矜式永爲萬世無能矜式者曷言之蓋學聖未有能至聖者也聖門諸子親炙聖敎不過曰得其一體顏子獨稱庶幾而德育之外材藝何見此當時親學聖者無一聖焉後人更學之漢儒以考據學聖書經粵若二字聚訟數萬言不能解春秋春王正月一句解釋數十說未能盡是聖一變爲考據之聖而至聖者無聞焉宋明以來更學之程朱以義理氣質二性爲根據陸王以良知良能爲功用是聖又變爲性命之聖而別之爲二然至聖者無有焉至近世學之不墜益間接而求由考據學聖者曰漢學不敢曰聖由性命學聖者曰宋明學不敢曰聖聖乎其難及乎何其仰在前而忽焉在後也余考其事實有所謂有聖之後無聖

三不學聖而有聖可言者　此視乎其學非關乎其名也易言之其人中之卓異學中之極觀乎予之以聖夫豈不宜老子視聖人之死者也而道德經之玄妙迺爲思想界之聖莊子認聖人爲大盜積者也而南華經之雄壯迺爲言論界之聖楊子爲我克爲爲我者之聖墨子兼愛應爲兼愛者之聖刑名之聖有

中韓縱橫之聖有秦儀雖後世杜甫之詩爲詩中聖可也羲之之筆爲書法聖亦可也推至近世之文藝家小說家金石家能鳴一藝特見其長者殆無不可稱之爲聖並重於世即今日所謂專門者是也然專門之學未有自謂其學已達極點足爲永世法而不可易者故雖一簡章之末必曰改正之處待之異日雖一言語之微必曰一人之見必經公決究其心豈不以爲確定而始敢建議乎誠以問學之中無敢我擅而未來之發見毋可限量也準是以談則見聖者爲空簡之一名詞實之者在乎所學以爲有焉則誤於第一著縱而效法之則又誤於第二著而失敗以至於終故不學聖而有聖可言者應列聖聖字之一定義

由一之說明則聖常爲創始物由二之說明則聖非爲不變物由三之說明則聖非普通物合言之聖可由特異而生未可由一般而名縮其範圍虛其意義不認其有永久存在力可爲羣生世守不易是余所以假定爲無聖主義以爲我萬有社會說法也其理由抑有三（甲）破專制之惡魔必自無聖始人不可得而聖王豈可得而聖

耶此聖王之義較聖人之害爲尤甚試觀歷代開國始主未有不稱爲聖王者是蓋征服者自上之徽號與言聖人者爲聖學之護身法同一技能耳其爲掩耳盜鈴難逃智者之目惟聖王與聖人有親密之關切聖王非有聖人不克施其術聖人非賴聖王不能行其說不將其相擊之根苗斬除而絕滅之則其奴隸臣民事其君上之私衷終無由消化以發現其天良其弊不至於天王聖明臣罪當誅不可是何日始有天日耶此余主張無聖者一也(乙)謀人類之獨立。必自無聖始。人類賴有聖人以爲他山之助非賴有聖人以爲下喬入谷之謀念數千治來制伏於聖之藩離而毫無所取益則尊彼如神明不可侵犯者果何爲哉且聖之起原無非由未開化人羣之迷信而成於上世者其始也又無非由厭勞安逸之一念養順仰賴守成之順奴習焉不察遂若性成不明示以聖之界說而證其爲無除其見聞之誤謬振其耳目之聾聵則人類永難回復原有之地位不奴於聖王則隸於聖人其禍亦不至滅種不已此余主張無聖者二也(丙)立學界前途之大本必自無聖始更小別之爲二。一直接。文學是也。二間接。科學是也。科學爲實際上之經驗不患復爲聖迷將有不離自離之勢無俟贅言若夫文學如法政如哲學勢必激之使反仍抱孔孟主義以其固有之思想用感本國之感情是甯非發揚國粹保持遺學用意何嘗非是惟如前節所言穿鑿之例豈惟助長毋亦害義當今文明戰爭世界豈容有餘孼者所克獨立以冀徼倖況吾國學有淵源非止孔孟一支平其心靜其氣無所重輕兼採衆說以求公理則雖余固未能謂孔孟都無可取也惟强余以爲至聖沮人生之自由禁學術之發達再爲第二漢武定於一尊則余不忍泯此良心也故今時雖有一二新說競相自見然不破壞舊有之門戶發明無聖之眞義則學界安見不復蹈宋明故轍耶此余主張無聖者三也此三者固余標出之三大主義無可或少者缺其一則其國僅存缺其二則其國必亡例如於甲義則不從而從乙丙且不失爲立憲國體苟且偸生如於乙丙則不從而於甲也且固守不易是否野蠻非人類的專制國有如今之清政府束手無策坐而待斃者若兼從三者而盡得其利則其民族之盛當如旭日東昇百邪畢滅突進無前稱爲上國雖昔日之法今日之美其殆未之能及我同胞其採之我士子其思之今後興衰其惟視吾國民之所適從哉

然聞者有疑余言乎。試就心理上所不能外之例。以補釋之。設有問曰。無聖主義理則是矣。行則非焉。大凡一大民族。必有統一之教。爲一般人民之準極。然後其國易治。其政易理。是以泰西列國。多有宗教。以爲之本。故興也勃焉。中國無宗教。以爲之基。故敗也忽焉。幸孔子爲歷代國是。足補其缺。今若一破壞之。將見擾亂治安。未可收拾。吾子奚又喋喋爲。答曰此說未達其正也。夫宗教與學術。判若二事。非可牽强融通。互相交換之。所可收其效果。不觀印度乎。佛以哲學而立宗教。高則高矣。其如今日之亡滅何。不察彼泰西乎。宗教不過爲衆生信仰。學界鮮有隸屬之。其爲教之程度。較佛爲遜。而結果則遠過之。吾國無宗教。爲不幸之事。仰知爲不幸中之幸有易轉移者。蓋我國思想原質。有特異之點。即脫上世迷信。進於人生常道也。孔學見重於世。亦以其學圓滑。多有利用之處。以達常人目前之所求。與宗教界之信仰。尚有彼此之分。特先入爲主。多難爲孔學繩墨耳。今不求其根本。以發其無迷信之特質。更例以宗教。爲統一之計。是不啻嫌國民之愚昧尙淺。更加之厲。不亦志與願違乎。竊嘗謂吾國欲立宗教。當純以統一民族爲正的。不當兼以統一學說爲正的。約言其法即統一於一大民族之原祖。不統一於鄒魯一家之溺說。務使人之智識言論有完全自由不染宗教習慣以爲萬有學發生之機會此余主張別立宗教。以爲統一。不認孔學有統一國教之善果也。夫惡得不辨正。爲又使有言曰。凡文明民族。必出大聖以代表之如希臘生蘇氏。印度生釋氏。吾漢土生孔子。實爲有歷史以來之榮光。夫焉有自去其代表。足以自號爲得。而能與列國競勝。收新創建之幸福歟。余又闢之。昔日人曾有以此說問靜軒。頗以日本無聖爲言。靜軒曰。視邦俗而然耳。夫有桀紂而生湯武。有亂賊而生孔子。於印度亦然。彼兩國風俗皆惡。天故爲之生聖人。日本自古風俗美且善。無用聖人。是我之所以優於彼也。此說似此足徵。然有合於無聖之理。遠藤氏亦言曰。孔子之出於支那。實支那之禍本也。彼蓋以尊聖爲聖人皆庸知皆即在聖耶。且代表之榮。皆客觀之事實。非主有之本象。中國之學上有老墨。下有百家。非獨爲孔子則孔子無代表之實也明甚。假曰代表乃代表其一時。非代表於永世。今日有大於孔子者。則代表將移於今後。日有大於今日代表者。則代表復移於後。由外人觀之。尚未能溺於陳迹。在吾人學之。顧可誇耀其榮。且自劃不前歟。此說較前問爲淺。而未始非所當及也。言至此。則又有一問題發現。聖旣無矣。則凡爲聖之附屬品。如賢人如君子。其尙有可稱道之價値否。余猶有說焉。賢人之稱。不屬於聖人者。則仍之。是無足深道矣。惟君子之稱。爲士子歷來之大恥。無能道破其義。以絕其詞。而且持以相勵。成爲美談。是未可以無辯。夫君者何。君王也。子者何。繼承之後嗣也。士子讀書論道。不過爲君之子。例如聖承天而治。稱爲天子者然。其鄙陋亦何若是。論語首章第一字言學。末句言成君子。是聖人之學。學爲君之子。以承佐其治。換言其眞象。豈非認君作父。以助獨夫謀萬世之業耶。子夏稱好學曰。事父母能竭其力。事君能致其身。是事君重於事親。而能以父母遺體。轉致於君。誠可謂君之賢子。肖子。豈可止言爲君之子。而不加賢字肖字耶。此皆誤於聖學以君爲國家之一原則。是何以爲之深諱也。故君子之與聖人。其相關也又如此。不得不與聖人同時幷去之。聞者復疑吾言乎。盍於淸宵良辰。而深思之。

稿成。或有見者。默然若有所思。旣而蹙然進曰。吾有以窮子之說。子所舉者。咸爲學聖者之過。非得追咎於聖人。使學聖人者。皆能至聖。則普天之下莫非聖人。子將何以云無聖。余聆之微笑曰、子未悟予所謂有聖之後無聖也。孔子曰、歲寒然復知松柏之後彫。老子曰、六親不知有孝慈。國家昏亂有忠臣。徵之往事。未有不從比較而能顯有特異者。且人同此心。而此理不必同。即同此理。而所至不必同。老莊、古之大哲人也。使天下盡如老莊。無或異其途而別其用。則天下有亂無治矣。孔孟之聖。無所致用。益何足為天下的語云、兩雄不並立。理有固然。焉有普天之下。皆成聖人耶。子之說。不克自立。何以見敎。泰然則周泰諸子多稱聖人亦非。曰、周秦諸子之所謂聖者。多表揚王者之治績。即所謂常為創見物。由特異而稱。非由普徧而立敎也。間有準之以為敎者。蓋各聖其聖。非若後世之所謂聖焉。然則子倡無聖。并君子而亦無之。必使人盡為小人始快乎。曰是何言。小人固非為惡之稱也。在昔為上下之稱。在俗為未成人之稱。今日本猶以成人者為大人。小兒為小人。豈亦從而分善惡乎。自大學小人間居為不善一語。儒者遂定為為惡者之代名詞。非其原義矣。夫人惡有所謂小者。同生於地球之表。圓首方趾。同也。飲食起居。亦同也。如以其舉止或動靜者爲小。則人胥爲小。如以其行爲不善者爲小。則爲不善者益無忌憚。雖爲惡猶不愧爲人中之小者也。桓宣武有言。大丈夫不傳芳百世。當流臭萬年。若此者爲大乎爲小乎。勢必謂之大奸惡矣。儒者因詞立名。類不完密。子以是見質。殊不足自道其意。子之意。非爲道德之防一破。而人道將有墜落之虞乎。意則善矣。惜也無術以成人之善。予正欲人達於至善耳。故不使人爲君之子。再入奴隸圈中。畧存一些臭味。爲文明進步之障礙也。夫人克獨立不甘爲君之子。以爲問學則人格日高。世風日美。循此以往。將有自由發達之望。而人之品類。又增進一級。豈不效止不爲小人者爲愈乎。言未竟。或者急進曰。余恍然矣。乞子速問於世。其能復有新說。以資考察與否。殊未可卜。予謝其敏捷。因誌之篇末。

來稿

聖人不死
大盜不止

簡章

第一章　定名及宗旨

第一條　本報爲河南留東同人所組織對於河南有密切之關係故直名曰河南

第二條　本報以牖啓民智闡揚公理爲宗旨

第二章　體例及辦法

第三條　本報體例分門編纂次序如左

一圖畫及諷刺畫　二社說　三政治　四地理　五歷史　六教育　七軍事　八實業　九時評　十譯叢　十一小說　十二文苑　十三新聞　十四來函　十五　雜俎

第四條　如有特別事項在前條所規定之範圍外者可臨時登錄

第五條　本報設經理二人編輯繙譯會計書記庶務監察各一人均自盡義務不別享權利

第六條　本報爲消息靈通起見內地特設調查員四人訪事員若干人

第七條　河南省城內設總派處一所不惟擴充本報銷路其東京所出著名雜誌均約代派以期交換智識

第八條　本社內設繙譯一部其東西洋所出之最新科學及時事等書均擇要漢譯陸續出版以餉學界其詳細辦法有專章

第九條　本報月出一册至少登足一百二十頁定於陽曆每月朔日發行決不愆期

第十條　凡代售本報至十份以上者九折三十份以上者八折郵費在外報資按期滙付三期未清即行停寄結算

第三章　撰述員及經費

第十一條　報稿除社員擔任按期出版外其本省及他省諸君子有與本報宗旨相同者均可自由投稿

第十二條　同志惠稿一經本報登錄即以本期報奉酬若能按期投稿即以撰述員相待每期另有特別酬金

第十三條　本社所有經費均尉氏劉青霞女士所出暫以二萬元先行試辦俟成效卓著時再增巨資以謀擴充

第十四條　無論海内外有熱心志士願表同情慨捐本社十元以上者奉酬本報全年五十元以上者五年百元以上者永遠奉酬並將姓氏登錄報端以表高誼

附則

第一條　本報編輯所附設於河南編譯部在日本東京牛込區西五軒町五十二番地通信者請逕投彼處

第二條　本報發行至一年後有臨時增刊一册設事關緊要則即時付刊以快先覩

本報之十大特色

世界上神聖不可侵犯者莫如**軍人學生**吾國同胞中凡有**軍人學生**定購本報必於規定價目之中**特減一成以彰優待**特色一

機關不靈則時事莫詳本社於通都大邑要埠名鎮均訂有**訪事時相函**

告復特派調查員數人遍行遊歷加意探訪冀以發潛闡幽毫無遺憾特色二

學非專家所見終屬隔膜言苟不文行之烏能致遠本報於所定門類均延請科學精深識見正大之名士通儒按期擔任選述特色三

炊而無米則巧婦束手戰而乏餉則名將灰心本報經劉女士出貲鉅萬既有實力以盾其後庶幾乎改良進步駸駸焉有一日千里之勢特色四

天下最足使人油然動其興觀羣怨之感者其滑稽之繪事乎本報每期必就社會腐敗狀態宦場魑魅情形時局危急景況列強經營跡象繪成十數幅插入報端庶觸於目者有所動於心特色五

風雲變化瞬息萬狀今之外交亦多類是英法日俄四國之協約成而吾國危亡之勢迫本報每期必於最近中外交涉事實詳爲譯論以供有心人之研究特色之六

豫省地濱大河文明發達最早歷史所產人物又最多其餘韻流風猶有存者本報每期必採錄軼事摹仿故跡極力發揮 表章以存國粹特色七

路礦者吾人之生命財產而各國野心侵略之第一目的物也本報於礦地路線調查詳明繪圖立說指陳利害庶皆知 集股自辦利權不至外溢特色八

愛國之人自愛其鄉里始本報於豫省全圖及各 府縣分圖 均以次登出並將山水土產人物事蹟明確標識彩色燦爛形勢活潑則指顧之間珍貴保守之念或自生乎特色九

一譽而人知勸一毀而人皆懲此清議之責也本報持論之際是非必關其大好惡一採諸公決不以個人喜怒謬加褒貶亦不以瑣屑事故浪費筆墨特色十

GRAMMATIK
DER
DEUTSCHEN SCHRACHE
für die
Chinesischen Schüler, welche das graktische Deŭtsche
er lernen wollen erklärt aŭf chinesisch von
Yielnk Woo-See

漢釋德文範

留學日本東京帝國大學農科林學實科
河南吳肅編

吾國近數年來風氣大開各省提倡新學不遺餘力惟各省學校所設外國語一科多係英文間有一二課授德文者大半又係西人所創辦故學生除直接聽講外一無善本可供參考以故研究多年收效殊鮮吳君有憾于此擇德國文法中適于中學程度 敘述詳明者編譯成冊其於品詞之性質句法之構造文法之應用均加以適當之解釋 譯者于斯學研究有素非率爾操觚者所可比其譯筆之暢達釋例之詳密求諸我國譯界中實屬罕覯更於每課附華德對照語句俾資學者可逐課練習以上文法誠我國 講求斯學 者所 當手執一編以睹此空前之傑著也

現已附印
不日出書

定價大洋一元五角

平民科學

此書爲日本社會主義名士幸德堺久津諸先生所着共六巨册第一第二現已出版其聲價之高已風行一世無俟再述現經本社譯成不日出書凡我同人想無不以先睹爲快

本社謹啓

國內代派所

河南開封西大街	大河書社
同　許州城內南街	福裕通
同　鄭州火車站敦睦里	鄭州派報處
同　滎陽縣西街	高等小學堂
同　鞏縣	勸學所
同　修武城內	印川生
同　尉氏後新街	閱報室
同　光州北城興賢坊	濬智書社
同　信陽州	師範學堂
同　彰德城西小治鎮	高等小學堂
北京	公慎書局
同　炸子橋	豫學堂
天津日本租界	利亞書局
同　北馬路	官書局
保定	北洋官書局
上海福州路	神州日報社
同	中國公學
同　虹口	正利厚公司
同	昌明公司
同	羣益書社
山西省城	敎育總會
同　橋頭街	晉新書社
同　解州	第一織紡公司
西安南苑門	公益書局
三原東門裏	存惠堂書局
涇陽涇干小學堂	揚風軒先生
涓南	勸學社
同州東街	郭文選君
四川成都	安定書屋
緬甸	生利昌
貴州省	黔南書局
湖南常德府	德生富
思茅	天足會
四川省城	四川雜誌支社
重慶	同
雲南省城	雲南雜誌支部
同　昭通府	廣聞看報館
同　永昌府	新聞縱覽社
同　騰越廳	公學會
同　大理城	義豐泰
同　下關	福全臻
同　臨安府	中學堂
同　箇舊廠	元興昌
同　蒙自	萬瑞號
同　曲精府	興順祥
同　鎮雄	州學署